Herbert Gröger / Albert Rotter

Das Altvaterland
in den Versen seiner Dichter

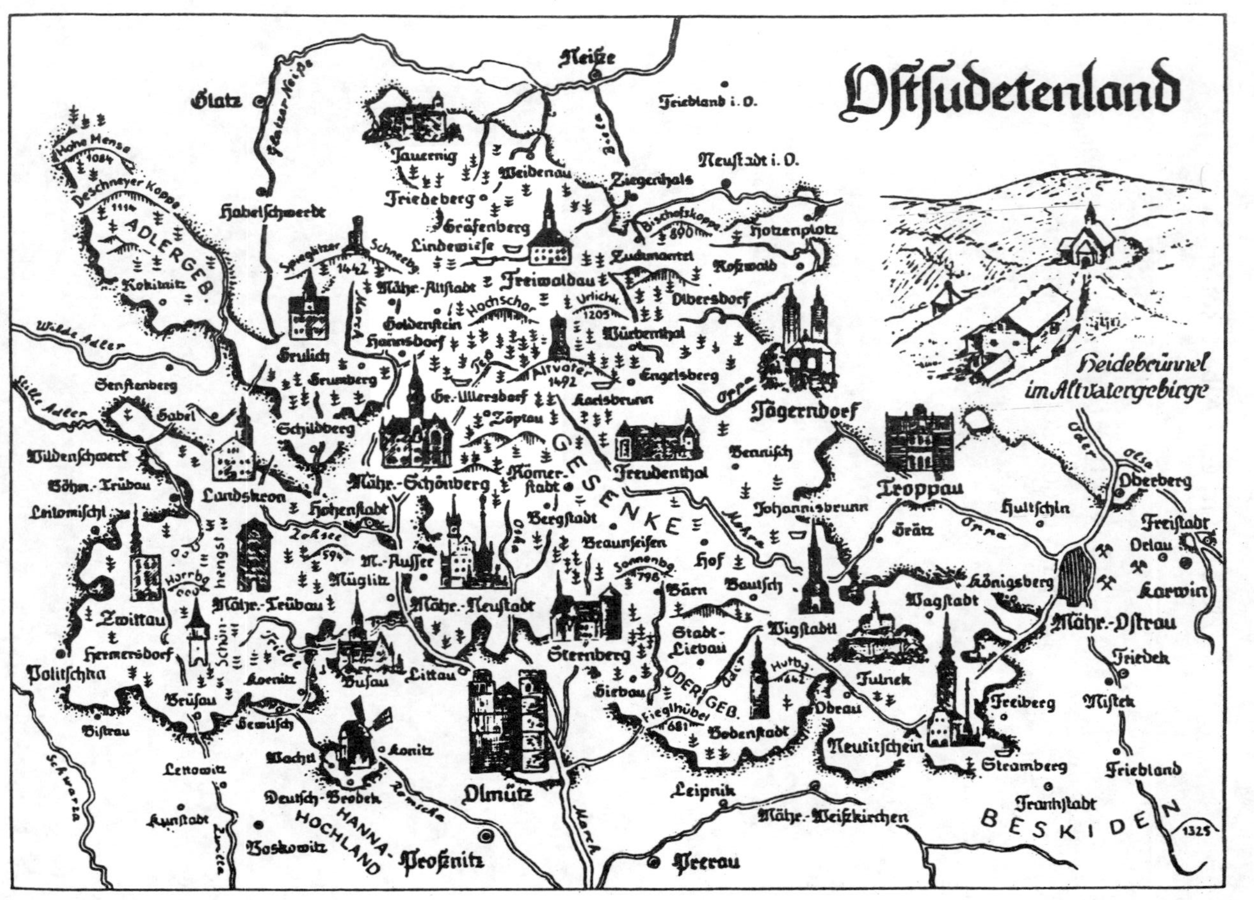

Zeichnung von Reinhold Huttarsch

Das Altvaterland in den Versen seiner Dichter

Herausgegeben von
Herbert Gröger
und
Albert Rotter

Zweite,
erweiterte und verbesserte
Auflage

Verlag Gebr. Meurer, Darmstadt

Bildschmuck:
Professor Josef Krannich

Verlag Gebr. Meurer
6100 Darmstadt

ISBN 3-88824-017-4

Vorwort

Schon seit den Zeiten der Markomannen und Quaden (letztere sind erstmals 21 nach Christus an der March bezeugt) ist das Altvatergebirge mit seinen angrenzenden Gebieten Ziel deutscher Besiedlung gewesen. Beide zusammen, das fast 1500 m hoch aufsteigende Gebirgsmassiv und seine Randlandschaften, werden hier wie in der Literatur mit einem volkstümlichen Sammelbegriff als "Altvaterland" bezeichnet.

Dieser in seiner herben Schönheit so reizvolle Teil der Erdoberfläche ist für ungezählte Generationen, die sich von anderen Stämmen unseres Volkes in mancher Hinsicht unterscheiden, Ziel und Bleibe gewesen. In dem jahrhundertelangen Mühen, aus der urwüchsigen Naturlandschaft durch Rodung, Berg- und Ackerbau sowie andere Wirtschaftstätigkeit eine Kulturlandschaft zu formen, die das Auskommen sichert, hat sich ein Menschenschlag entwickelt, der nicht zuletzt durch seine starke Bindung an die (bisweilen karge) heimatliche Scholle auffällt.

Es nimmt daher nicht wunder, daß schon daheim, doch ebenso nach der Vertreibung, eine große Zahl von Arbeiten erschienen ist, die - in Quantität wie Qualität sehr unterschiedlich - zu Lob, Erklärung und Gedenken unserer Lebensmitte in den Ostsudeten geschrieben worden sind. Dazu gehören auch viele Gedichte. Denn die starke seelische Verwerfung durch Trennung von dem, was Heimat - in Kategorien gedacht - bedeutet:

als germanischer Rechtsbegriff Familienbesitz; Umwelt, mit der man durch Geburt oder Lebensumstände verwachsen ist; Hort der Geborgenheit; raumzeitliche Lebenserinnerung; Identifikation mit der Nation; staatsrechtlicher Anspruch; friedvoller Lebensbereich; Mütterlichkeit eines Raumes; eine der mächtigsten menschlichen Wirklichkeiten; . . .

hat nicht selten latente poetische Fähigkeiten geweckt, die sich als Vers, Reim, Strophe und Gedicht bekunden. So ist jenes ferne Bergland in seinen Kindern auch lyrisch fruchtbar geworden.

Das vorliegende, in langwieriger Kleinarbeit entstandene Buch versucht, diese oft nur mühsam beschaffbaren, weil in vielen Schriften verstreuten Texte zu verschiedenen Themenkreisen in sechs Kapiteln geordnet darzubieten. Wir wollen damit der angestammten, unverzichtbaren Heimat nach über vierzig Jahren, seit wir sie verlassen mußten, ein würdiges Denkmal mit Gedichten setzen. Dies geschieht ohne jeden Anspruch auf Vollständigkeit, wie uns das schmerzhaft bewußte Fehlen von Beiträgen über einige relativ große Orte zeigt.

Ähnliches muß zum Niveau verschiedener Stücke gesagt werden. Vor allem bei Lyrik mit direktem Bezug zum Altvaterland ist, anstatt sie einfach wegzulassen, mancher Kompromiß geschlossen worden. Neben der Auswahl sind natürlich Reihenfolge und Zuordnung gemäß den sechs Motiven angreifbar - vor allem in den Abschnitten "Begebenheiten" und "Im Jahreslauf". Mundartgedichte - besonders solche über lustige Begebenheiten, die in ein ernstes Werk nicht passen - sind nur sehr sparsam aufgenommen worden. Sie erscheinen zudem oft örtlich gebunden. Und schließlich ist der schlesische Dialekt in seiner Aussprache sehr verschieden. Diese ändert sich oft von Dorf zu Dorf; ja sogar zusammenhängende Ortschaften haben nicht selten verschiedene Aussprachen.

Am Schluß danken wir folgenden Landsleuten und Institutionen für ihre wertvolle Hilfe: den Damen Gabriele Hackenberg (Freiwaldau) und Hilde Genieser (Klostergrab, Bezirk Dux), Herrn Kurt Wolf (Jauernig), dem Mährisch-Schlesischen Sudetengebirgsverein sowie dem Heimatbund Jauernig u. Umgebung.

Inhalt

A

Heimat im Gedicht

Laßt die Heimat leben!

Laßt die Heimat leben,
weil sie leben soll!
Heimat ist ja Liebe,
eures Herzens Zoll.

Gilt sie doch dem Lande,
das uns einst gebar,
das uns Glück und Freude,
erstes Leben war.

Heimweh, oft Gelächter,
öfters noch verfemt;
doch der bessre Mensch ist,
der sich des nicht schämt.

Darum soll sie leben,
wirken für und für!
Heimat kann ja geben:
Frieden dir und mir.

Heinrich Lindenthal

Heimweh

Manchmal faßt es dich in weher Süße,
nur ein Traumlaut ist's, ein leiser Keim,
eine Birke nur rauscht wie daheim,
eine Amsel singt dieselben Grüße.

Doch der Ring, der streng dein Herz umschließt,
löst sich nicht, es strömt nicht seligheiß,
nur in dir die alte Quelle fließt,
wie die Wasser unter fremdem Eis.

Einmal aber wächst der treue Laut,
schwillt und braust und füllt die Fremde aus,
und der alte Kinderhimmel blaut
über dir und deinem Vaterhaus.

Und die Birke rauscht, die Amsel singt.
Doch das rauscht und singt schon überm Meer,
das dein Herz umschließt, das dein Sehnen trinkt,
das dich tief in dunklen Zauber zwingt,
in des ersten Traumes Wiederkehr.

Robert Hohlbaum

Gelöbnis

Wir wollen bei denen sein,
die noch in den spätesten Tagen
tief in den Kammern des Herzens
der Heimat Bildnis tragen,
die schaffen und streiten
für Rückkehr in besserer Zeit.

Wir wollen bei denen sein,
die mutig und ohne Verzagen,
gläubig und hoffenden Herzens
ihr Ja zum Ausgleich sagen
und den Weg bereiten
nach Hause, und sei er auch weit.

Herbert Gröger

Erinnerung

An der Heimat süße Stätten
schmiedet uns mit Zauberketten
der Erinnrung zartes Band.
Was gewesen, bringt sie wieder,
und die altvertrauten Lieder
klingen weithin übers Land.

Tausend tote Dinge leben,
tausend alte Quellen geben
immer neu dir Mut und Schwung.
Durch der Zeiten düstres Wehen
siehst du dich dann selber gehen
auf den Pfaden ewig jung.

Albert Rotter

Aber das Herz. . .

Alles sank mir dahin,
Haus und Garten und Baum.
Blieb nicht mehr mir zurück
als ein Erinnern, ein Traum.
Und ich sage mir oft,
mich vor Schwermut zu wahren:
Trügerisch waltet der Tag.
Laß Vergängliches fahren!
Leichter gesagt denn getan:
Hängt das Herz doch daran!

Wälderweit das Gebirg
schirmte vor Ungemach,
barg bescheidene Welt.
Liedreich rauschte der Bach.
Wuchsen mir Baum und Strauch,
die gepflanzt meine Hand.
Alles dahin wie ein Hauch.
Baute ich denn auf Sand?
Bleibendes keiner gewann.
Aber das Herz hängt daran.

Unterm eigenen Dach
wußte ich Buch und Bild,
fand im Scheine der Lampe
Sorgen und Sehnsucht gestillt.
Allem, was mein, war eigen
Farbe und Ebenmaß,
wie ich selbst sie gewählt:
Tisch und Teller und Glas.
Laß vergänglichen Wahn! -
Aber das Herz hängt daran.

All das Neigen und Blühn,
Frühlingswiese am Hang,
Falterflug, Bienengesumm,
Häherschrei, Vogelsang -
Ach, und das Glück der Stunden,
das ich mit Freunden genoß,
wenn das Dunkel des Abends
über die Berge floß. -
Gern vergäß ich den Wahn!
Aber das Herz hängt daran.

Josef Schneider

Schlesiermarsch

Wu nördlich sämt a grüne Welt der Oppa Selberband,
do hot da Herrgott hengestellt mei liebes Schlesierland.
Altvaterreich, dech grüß bir stolz, du Landle frei und stark,
bir sein aus deinem Achenholz, wie du, deutsch bis ei's Mark!
/: Frei und deutsch wolln bir sein, gude Schlesier wolln bir blein. Heil dir, du grüne Schles'! :/

Es a dei Stebla orm und klän, dei Kender hon dech garn,
und hot sie's ei die Welt verschlän, wird dir käns untreu warn.
A jedes Sehnsucht tief ein Bleck, denkt o dech ei da Fern;
und kemmt's amol ahäm zureck, do konnst se singe hörn:
/: Frei und deutsch wolln bir sein, gude Schlesier wolln bir blein. Heil dir, du grüne Schles'! :/

So klingt's zu dir aus jeder Brost, du liebes Hämatland,
bir halden dich ei Läd und Lost, treu schützt dech unsre Hand.
Vom Böhmerwald bis hen zu Pol'n mußt du uns ganz verbleib'n,
ka Teufel därf a Steckla hol'n, so lang bir drinne sein!
/: Frei und deutsch wolln bir sein, gude Schlesier wolln bir blein. Heil dir, du grüne Schles'! :/

Gustav Willscher

Abschied vom Altvater

Altvaterland, mein Heimatland,
der Sehnsucht heißes Wehn
schlägt himmelwärts wie Feuerbrand
zu deinen Bergeshöhn.

Altvaterland, mein Heimatland,
nimm meinen letzten Gruß!
Die Träne rinnt in deinen Sand
bei meinem Abschiedskuß.

Altvaterland - aus Licht und Glanz
schuf dich des Schöpfers Hand,
der seiner Wälder schönsten Kranz
um deine Berge wand.

Altvaterland - in Gottes Hand
leg' ich nun dein Geschick.
Aus Gottes Hand, mein Heimatland,
möcht' ich dich einst zurück.

Johann Tschöp

Land an der March

Die dunklen Wälder
hüllt das Schweigen ein;
die Nebel lösen sich
vom Wasser fein,
und durch die weiten Wiesen
rinnt die Zeit.

Die alten Pappeln
    ragen himmelauf,
geruhsam ist
    des breiten Flusses Lauf,
als wollt' er rasten;
    denn sein Weg ist weit.

Und über Wiesenblumen,
    die verblühn,
wie über einsam
    stille Weiden hin
schwingt schweres Leid. . .

Hans Langer

Gott segne unsere Heimat

Gott segne unsere Heimat
hoch im Sudetenland!
Dort liegt das Glück der Väter
geschändet und verbrannt.
Der Frohsinn unserer Mütter
waltet nicht mehr im Haus,
und nimmer grüßen Blumen
beim Gartenzaun heraus.

Gott segne unsere Heimat
hoch im Sudetenland!
O Herr, verzeih den Brüdern,
die grausam uns verbannt.
Schrie auch das Blut zum Himmel,
lösch nicht die Liebe aus!
O sei uns allen gnädig,
führst du uns einst nach Haus!

Hubert Kluger

Sehnsucht nach dem Altvater

Ich weiß ein Land, wo zwischen weiten Feldern
die Dörfer stehn, vom Herrgott selbst erbaut;
wo über tiefen, dunklen Tannenwäldern
der weite Kranz der lieben Berge blaut.
Altvaterland, dich werd' ich immer lieben!
Bin ich von dir heut auch unendlich weit,
so bist du meine Heimat doch geblieben.
Ich liebe dich in alle Ewigkeit!

Ich möchte deine Wege wieder gehen
im Tal der Teß, den lieben Bergen zu.
Beim Heidebrünnel möcht' ich wieder stehen,
wenn unten tief das Tal schon geht zur Ruh.
Altvaterland, dich . . .

Den Kamm entlang, von einem Berg zum andern:
vom Alten Vater bis zum Peterstein,
die Hohe Heide möchte ich durchwandern,
am Freiheitsberg dann stehn im Abendschein.
Altvaterland, dich . . .

Maria Thiel

Die Stimme der Heimat

Dem Himmel dankst du für dein Leben,
den Eltern auch für Heim und Brot;
dem Freunde willst du Liebe geben,
und tief beklagst du seinen Tod.

Doch hat nicht auch dein Recht auf Liebe
die Heimat, die dir alles war?
Sie barg dich vor dem Weltgetriebe
und war dir Schirm so manches Jahr.

Dort wuchs im Kreise deiner Treuen
dir reines, unnennbares Glück;
du konntest dich des Lebens freuen.
Sag, sehnst du nichts davon zurück?

Nun hat dich weit der Sturm verschlagen.
Hörst du, was in dem Rauschen ist?
Die Heimat raunt aus grauen Tagen:
"Undankbar ist, wer mich vergißt!"

Albert Rotter

Werk der Ahnen

Ihr Weg war dornig,
der Urwald dicht.
Die Axt bahnt' Schneisen,
ins Dickicht drang Licht.
Der Boden war steinig,
den sie betraten;
sie schwangen die Hacken
und hoben die Spaten.
Sie pflügten die Erde
und brachen die Schollen,
sie teuften Schächte
und schürften in Stollen.
Es mehrten sich Dörfer
in stattlichen Reihn,
es blühten die Städte,
und Wohlstand zog ein.
Aus wilder Wurzel
der Mutter Natur
entstanden Gebilde
deutscher Kultur.
Vernimm es und achte
der Heimat Mahnen!
Es sind die Stimmen
aus Grüften der Ahnen.

Wilhelm Urban

Altvaters Bild

Heimat, alle Süße
klingt aus deinem Laut,
wie der Liebsten Grüße,
wie das Lied der Braut.

Zog ich fremde Pfade
landhinab - hinauf,
schön wie eine Gnade
stieg dein Bild mir auf.

Wie ein Traum zerronnen,
schloß sich eine Tür:
Immer neu gewonnen
hab' ich mich aus dir.

R. Braun-Erk

Mein Herz ist heimatvoll

Sturm und Winde dich umkosen,
Heimat, während fern wir sind.
Schickest du mir deine Rosen,
weil ich täglich zu dir find'?

Sag mir, Heimat, was ist Liebe?
Sag, warum ich dich so mag!
Worte gibt es dafür keine.
Liebe ist! - Seit Jahr und Tag! -

Liebe ist, seitdem das Leben
aus des Schöpfers Herzen quoll.
Sturm und Winde dich umkosen,
und mein Herz ist heimatvoll.

Ernst Frank

Gelöbnis

Heimat, du wundersame,
heilig sei uns dein Name,
heilig dein trautes Bild
immer aufs neu!
Die man von dir vertrieben,
wollen dich allzeit lieben
sehnsucht- und dankerfüllt,
trotzig und treu.

Wie auch die Stürme toben:
Über den Sternen droben
waltet ein Vater doch
in Glück und Leid.
Einst wird die Nacht vergehen!
Dann wirst du auferstehen
befreit von fremdem Joch -
es kommt die Zeit!

Treu, wie seit tausend Jahren
dir unsre Väter waren,
schwören auch wir es zu
mit Herz und Hand:
Was auch die Fremden treiben -
stets wirst du unser bleiben,
herrliche Heimat du -
A l t v a t e r l a n d !

Louis Karschin

Altvaterland

Zwischen Beskiden und Glatzerland
ziehet ein herrlich Wundergezelt:
Berge und Täler, Auen und Wälder
bilden die Heimat, sind meine Welt.
Und steh' ich auf ihren blauen Höhn,
dann dehnt sich mein Herz in Liebe weit,
und betend steigt's zum Herrn der Zeit:
"Umgrünt von der Wälder rauschendem Band,
Gott segne dich, Heimat, Altvaterland!"

Nöte und Krieg sahst du wahrlich genug,
mehr Steine als Acker durchwühlt' oft dein Pflug.
An vielen Bergen, an manchem Turm
brach sich Mongolen- und Slawensturm;
es quälten dich, Heimat, Morden und Brand.
Nun sind deine deutschen Kinder verbannt
und beten für dich von ferne:
"Umgrünt von der Wälder rauschendem Band,
Gott schütze dich, Heimat, Altvaterland!"

Wir grüßen dich, Heimat, einsam und weit,
gequält und geschändet im tiefsten Leid,
durchwütet von fremdem, oft wildem Haß.
Doch lieben wir dich ohne Unterlaß.
Wir leben in dir, und wir leiden mit dir,
wir bleiben dir treu und hoffen auch hier
und beten voller Innigkeit:
"Umgrünt von der Wälder rauschendem Band,
Gott erhalt' dich uns, Heimat, Altvaterland!"

Verfasser unbekannt

Hütet das Erbe!

Daß aus unsrer Väter Mühe
neues Glück dereinst erblühe,
hütet, was uns davon blieb!
Bäume leben von den Säften,
die Geschlechter von den Kräften,
die ihr stetes Schaffen trieb.

Unsre Zeit ist kurz bemessen;
von den Kindern wird vergessen,
was uns blieb und heilig war.
Wahrt das Erbe drum der Jahre!
Silbern wird der Glanz der Haare,
immer kleiner wird die Schar.

An die Jugend weitergeben,
was aus unsrer Ahnen Leben
sich an Edlem, Gutem fand!
Ist's in treuer Hand geborgen,
nützt es einem neuen Morgen
in dem alten Heimatland.

Albert Rotter

Heimatsehnsucht

Mein Heimatmutterschoß,
das Dorf, läßt mich nicht los.
Im Wachen wie im Traum
zieht's mich in seinen Raum.

Der Bach, der Weg, der Steig,
die Vöglein im Gezweig,
der Wald, der Hang, das Feld
sind eine stille Welt.

Die Ferne lockt nicht mehr;
die Heimat sehnt mich her,
sie ist so lieb und gut -
wie eine Mutter tut.

Ich bin ihr stillster Gast
zur letzten, liebsten Rast.
Mein letzter, liebster Reim:
Ich gehe wieder heim!

Josef Olbrich

Altvaterland

Wißt ihr, wo unsere Heimat liegt,
wo uns die Mutter im Schoß gewiegt?
Wo unterm Schneeberg die March entspringt,
die Wilde Teß sich durch Felsen zwingt,
wo Oppa und Oder nach Osten fließen,
im Großen Kessel die Trollblumen sprießen:
Dort ist unsre Heimat, dort sind wir zu Haus;
denn dort steht das teuere Vaterhaus.

Wo, einem mächtigen Fürsten gleich,
der Altvater thront in seinem Reich,
wo unter der Heide im herbstlichen Wald
von Hirschen das lockende Röhren erschallt,
das Silberwasser zur Mohra eilt,
die Wasserscheide den Regen teilt
und ihn rinnen läßt gegen Norden wie Süd:
Dort weilt unser Denken, sind Herz und Gemüt.

Nun hat man dem Herrscher entfremdet sein Land,
das wackere Volk aus der Heimat verbannt,
ihm so seine Würde, den Namen geraubt. -
Altvater stützt müde sein königlich Haupt
in einsamer Höhle, in freudlosem Raum;
dort sinnt er und wartet, und halb wie im Traum
tönt klagendes Läuten zum lauschenden Ohr:
versunkene Glocken vom Reihwiesner Moor!

Du gütiger Gott in den himmlischen Höhn,
schau gnädig herab und erhör unser Flehn!
O wende recht bald unser hartes Geschick,
und gib uns die kostbare Heimat zurück:
die Städte und Dörfer, das Feld und den Wald,
daß dort deutsche Sprache wie einstmals erschallt,
und halte uns frei von der Knechtschaft, dem Zwang!
Wir werden dich preisen mit freudigem Dank!

Julius Hanisch

Heimat

Das ist ein Häuschen irgendwo,
das ist ein Gärtlein sonnenfroh,
ein Ackerstreif, ein Wiesenfleck,
ein grüner Tann, ein Dorngeheck.

HEIMAT:
Das ist ein Hügel, rebenschwer,
das ist ein Tal mit Mühl' und Wehr,
ein kleines Dorf, gar eine Stadt,
vielleicht ein Schloß am Seegestad.

HEIMAT:
Das ist ein gutes, starkes Wort.
Und das ist allerletzter Hort
der Hoffnung, in der Sehnsucht brennt,
die außer uns doch niemand kennt.

HEIMAT:
Das ist der Liebe Inbegriff,
so himmelhoch, so abgrundtief.
Such sie in dir, sie ist in dir,
und nimmer löst du dich aus ihr.

Josef Walter

Heimat im Dunkel

Nie war ich dir inniger verbunden,
als in diesen schweren, dunklen Stunden,
da verschlossen mir dein gastlich Tor,
da dein Wappen trägt den schwarzen Flor,
Heimat!

Nie fühlt' ich das Wehen deines Windes
mit der Muttersehnsucht eines Kindes,
das im letzten bangen Angstgebet
fürchtet, daß ihr Atem stille steht,
Heimat!

Deine Berge waren nie so nah,
als ich sie mit sattem Auge sah.
Deine Wälder rauschten nie so sacht
wie in meine ferne Sehnsuchtsnacht,
Heimat!

Robert Hohlbaum

Altvaterland

Mag man es wie immer halten,
allen bist du uns bekannt:
Schneegebirge bei den Alten,
Altvater von uns genannt.
Berge voll von grünen Matten,
Wälder voll von kühlem Schatten.

Der dich herrlich aufgerichtet,
zeigte, was er ist und kann.
Wer dich nur von ferne sichtet,
steht schon stumm in deinem Bann:
weithin leuchtend, stolz, erhaben,
schönste aller Gottesgaben!

Albert Rotter

Die Heimat lebt

Die Heimat lebt, solange wir sie lieben!
Die fremden Zungen können sie nicht töten.
Wohl weint sie jetzt in allergrößten Nöten;
doch ihre Rechte sind in Erz geschrieben

und lassen sich durch Worte nicht zersieben.
Wir müßten ja vor aller Welt erröten,
wenn wir fürs Vaterland nicht kämpfen, beten
für Berge, Wälder, Jugendträume drüben!

Mag mancher Kluge heimlich uns verlassen
und wandeln auf uns unbekannten Straßen,
wir konnten nicht und werden niemals hassen!

Wir wurden stolz in härtestem Erleben;
doch gläubig lasset uns die Hände heben:
Der Herr mög' uns die Heimat wiedergeben!

Hans Wagner

Altvaterland

Du wilde Teß, dein Rauschen
vom Annaberge her
erzählt uns alte Sagen
und manche schöne Mär.

Am Steingraben, dem wilden,
die stille Teß entspringt;
geruhsam sie dem Wandrer
heimwärts ein Liedchen singt.

Der Altvater, hoch droben,
er bietet Berg und Tal
mit seiner Wälder Rauschen
vielfachen Widerhall.

Das Heidebrünnel plätschert,
der klare Wunderquell.
Doch's Kirchlein überm Abgrund
winkt nicht mehr von der Stell'.

Sein Bild ist eingegraben
ins Herze alt und jung,
das traute Heidebrünnel
in die Erinnerung.

Im Knieholz eingebettet
liegt still die Schweizerei -
und jenseits ihre Base,
am Hang die Schäferei.

Der Rote Berg mitt' drinnen;
zu seiner rechten Hand
liegt herrlich ausgebreitet
das schöne Schlesierland.

Zur Linken blüht das Teßtal
schön wie die alte Tracht,
aus zauberhafter Landschaft
bildhaft ihr nachgemacht!

Olga Brauner

Mahnung

Werdet nicht müde, euch zu bekennen,
immer wieder die Heimat zu nennen,
gebt sie nicht preis!

Werdet nicht untreu eurer Erde,
daß sie wieder die eure werde,
sei euer Preis!

Mögen sich alle gegen euch wenden,
gebt eure Heimat nicht aus den Händen,
haltet sie fest!

Gott nimmt dem nur für alle Zeit
Heimat und ihre Glückseligkeit,
der sie im Herzen verläßt.

Dieter Kaergel

Heimweh

Der sinkende Abend dunkelt
in fürstlich blendender Pracht;
hoch über der Erde funkelt
die Demantkrone der Nacht.

Wie lautlose Geisterschwingen -
Ein Schweigen stumm und groß,
Traumbilder der Sehnsucht ringen
vom Seelengrund sich los.

Ach, könnt' ich, wie jene Sterne
am dämmernden Himmelsrand,
hinüberschauen ins ferne
geliebte Heimatland!

Ottokar Stauf von der March

Das Teßtal

Ich trag' eine heimliche Liebe
zeitlebens mit mir herum;
im lautesten Weltgetriebe
macht sie vor Glück mich stumm.
Sie hatte die lieblichste Amme,
die man auf Erden kennt,
sie gleichet der ewigen Flamme,
die vor dem Heiligsten brennt.
Und fragt ihr, wem diese Liebe gilt,
die so gewaltig mein Herz erfüllt:
Die Heimat ist's in der Wälder Band -
mein Teßtal, mein herrliches Altvaterland!

Sie folgt mir seit frühesten Tagen
wie eine Mutter so treu
und preist mir in Liedern und Sagen
die Heimat immer aufs neu.
Sie schmücket die Wiesen und Felder
mit zärtlichen Farben aus,
die Berge im Kranze der Wälder,
das Dörfchen, den Fluß und das Haus.
Und fragt ihr, wie dieses Land wohl heißt,
das so das Lied meiner Liebe preist:
Die Heimat ist's in der Wälder Band -
mein Teßtal, mein herrliches Altvaterland!

So werden zusammen wir traben,
bis einst das Auge mir bricht.
Den Leib soll die Erde wohl haben,
meine Liebe - begrabt ihr nicht!
Die ist nicht von irdischem Staube,
die bannt kein Spruch und kein Wort,
sie lebt als ein heiliger Glaube
in Kindern und Enkeln fort.

Und fragt ihr, wer mir die Liebe gab,
die weiterdauert bis übers Grab:
Die Heimat ist's in der Wälder Band -
mein Teßtal, mein herrliches Altvaterland!

Louis Karschin

Bergheimat

Wie steigt der Heimat grünes Berggelände
verlockend mir in schwülen Tagen auf!
Und kühler Quell stürzt über Felsenwände
und nimmt durch Wiesen ruhig seinen Lauf.

Hoch überm Wipfel seh' ich Sperber kreisen.
Des Kuckucks Ruf aus schatt'gen Gängen hallt,
im Dickicht schmeicheln süß der Amsel Weisen. . .
Wie lauscht so still der traumverlorne Wald!

Da hör' ich tief in mir die Saiten klingen,
und laut und lauter tönt der Sehnsucht Sang,
der sich zur Heimat will hinüberschwingen,
ein weltverlorner, windverwehter Klang.

Und ich zieh' heim, auf daß ich neu gesunde,
dem Bach entgegen und dem Walde zu
und schau' und lausch'! Im kühlen Waldesgrunde
da kommt mein Herz und kommt mein Lied zur Ruh.

Johann Alboth

Gruß an die Heimat

O grüßet mir mein Vaterhaus,
ihr lauen Frühlingswinde!
Und nehmt mein Sehnen mit hinaus,
grüßt mir die alte Linde!
Und streichelt noch mit weicher Hand
den Kirschbaum, der am Wege stand.

Grüßt innig auch den Heimatort,
den Kirchturm und die Schenke
mit einem treuen Freundeswort.
Sagt, daß ich ihrer denke.
Hoch droben dort, im Haselschlag,
da bietet einen guten Tag.

Die alten Erlen grüßt am Bach,
die Häuser an der Straße.
Küßt kosend meine Veilchen wach,
fegt frei die kleine Gasse.
Im ganzen großen, weiten Feld
schaut nach, ob alles wohlbestellt.

Die blauen Berge hüllet ein
in schmerzlichem Gedenken,
wenn Sternenschimmer, Mondenschein
sich friedlich niedersenken.
Und weiter zieht mit leisem Gruß.
Warum, fragt, ich sie meiden muß?

So grüßt und grüßt mein Heimatland,
und bringt ihm meine Lieder!
Klagt ihm, daß ich so fern verbannt;
doch einmal kehr' ich wieder!
Bis dahin bleib in Gottes Hut,
mein Heimatland - mein höchstes Gut!

Verfasser unbekannt

Heimatland

Du magst durch alle Länder reisen,
die Welt ist groß, die Welt ist schön;
du wirst auch das Geseh'ne preisen,
und trotzdem wirst du weitergehn.

Es wird dir manches sehr gefallen,
denn Dinge gibt es ohne Zahl;
das liebenswerteste von allen,
das ist jedoch das Heimattal.

Dort liegt des Lebens tiefste Fülle:
das Land, aus dem du einmal wuchst,
aus dem du, reifend in der Stille,
den Weg zu deinem Glücke suchst.

Es hat so vieles dir bereitet,
den guten Keim in dich gelegt,
mit Elternliebe dich geleitet,
dich treu geschützt und dich gehegt.

Und wanderst du durch Not und Plage,
und bist du müde von dem Lauf,
dann nimmt am Ende deiner Tage
dich noch Erinnrung liebreich auf.

Albert Rotter

Altvaterland

Wir haben das Beste verloren:
Man hat uns die Heimat geraubt,
die Scholle, auf der wir geboren,
die Erde, an die wir geglaubt.

Was wollen die Fremden dort droben,
wo jeder Stein sie bedroht,
im Lande, das sie nicht lieben,
sehn sie nichts andres als Not.

Für sie sind es finstere Wälder,
stumm und drohend umwallt,
für uns sind es wogende Felder,
Wiesen, Berge und Wald.

Uns grüßen die Täler und Höhen,
uns jubelt die Quelle am Hang,
wir können die Lieder verstehen,
die einstens der Wald uns sang.

Wir kennen die Sprache des Sturmes,
der um den Altvater weht,
und der die Läden des Turmes
in rostigen Angeln dreht.

Uns droht dort oben kein Wetter,
nicht Kälte und Frost tun uns weh,
uns tragen die sausenden Bretter
zu Tale im stiebenden Schnee.

Ihr könnt nicht die Berge verstehen,
sie grüßen euch Fremde ja nicht,
weil es euch an gläubigem Sehen
und gläubiger Liebe gebricht.

Drum gebt uns die Heimat wieder,
für euch ist sie nichts als der Tod,
uns schenkt sie versunkene Lieder,
uns schenkt sie das tägliche Brot.

Ich fühl' es zutiefst drin im Herzen,
wir kehren zur Heimat zurück,
vergessen sind Stunden der Schmerzen,
und nichts bleibt zurück als das Glück.

Das Glück, auf den Wegen zu gehen,
die unserem Fuß so vertraut,
die Städte und Dörfer zu sehen,
die unsere Ahnen gebaut.

Dann hält uns die Heimat wieder
mit all ihrer Schönheit gebannt;
dann jubeln aufs neu dir die Lieder,
mein herrliches Altvaterland.

Franz Rudolf von Braun

An die Heimat

Dort, wo meine Väter
einst das Land bestellt,
liegt im Schneegebirge
meine Kinderwelt.

Zwar sind längst verödet
Stallung, Hof und Haus;
denn ein blindes Hassen
trieb uns einst hinaus.

Doch es bleibt die Heimat,
wenn auch traumhaft fern;
Tag für Tag gedenk' ich
ihrer treu und gern.

Niemals wird uns trennen
Schmähung, Raum und Zeit.
Einst zurückzukehren
halt' ich mich bereit.

Herbert Gröger

Abschied

Altvaterberge, grünende Wälder
herrlich in eurer schimmernden Pracht!
Über euch allen, nah oder ferne,
strahlender, gleißender Sonnenschein lacht.
Vom Schneeberg bis zum Fuhrmannstein,
vom Berggeist bis zum Bradelstein
ist meine Welt, mein Sein.

Altvaterberge, grünende Wälder
in euren Tälern wohnt ein Geschlecht:
tüchtig und fleißig, froh und genügsam,
treu nach dem alten und ehernen Recht.
Vom Schneeberg bis zum Fuhrmannstein,
vom Berggeist bis zum Bradelstein
ist eure Welt, das Sein.

Altvaterberge, grünende Wälder
ihr seid uns Zeugen von Ehre und Fleiß.
Für unser Streben, für unser Roden
ward uns der Mühe goldener Preis:
Vom Schneeberg bis zum Fuhrmannstein,
vom Berggeist bis zum Bradelstein
ward uns die Welt, das Sein.

Altvaterberge, grünende Wälder
lebe nun wohl, du unendliches Reich!
Da wir von Haus und Scholle vertrieben,
nehmen wir weinend Abschied von euch:
vom Schneeberg bis zum Fuhrmannstein,
vom Berggeist bis zum Bradelstein,
von unsrer Welt, dem Sein.

Altvaterberge, grünende Wälder
bleibt uns gewogen in fernester Zeit!
Unsere Hütten, unsere Felder
sind unsern Toten und Kindern geweiht.
Vom Schneeberg bis zum Fuhrmannstein,
vom Berggeist bis zum Bradelstein
bleibt unsre Welt, das Sein!

Robert Kauer

Beim Schlesierhaus auf dem Tietzhübel

Tiefer Wälder dunkle Säume
gürten reichbegrünten Plan;
leichtbeschwingte Wanderträume
flattern froh den Berg hinan.

Naher Gipfel kühles Schweigen
sänftigt dunkler Täler Hast,
und der Sterne stiller Reigen
schlingt sich um beglückte Rast.

Benno Nehlert

Altvaterheimat

Vom Glatzer Schneeberg bis zur Oderquelle,
da thronen meiner Heimat Berge kühn,
erstrahlen stolz im Glanz der Sonnenhelle,
auf Feld und Fluren liegt ein einzig Blühn.
O heil'ge Erde, die der Kindheit erste Tränen trank,
du schönes Land, du liebes Land,
Altvaterheimat mein!

In stillen Wäldern fand ich Glück und Frieden,
in traute Dörfchen kehrt' ich fröhlich ein;
der Freunde Schar grüßt' ich mit frohen Liedern -
so konnt' es nur in meiner Heimat sein.
O heil'ge Erde, wo das Lachen meiner Jugend klang,
du reiches Land, du teures Land,
Altvaterheimat mein!

Es schwören deine Söhne ohne Ende
dir Treue, bis der Heimkehr Stunde schlägt;
es falten zitternd sich manch welke Hände
zu einem letzten innigen Gebet:
O heil'ge Erde, die das Herzblut meiner Ahnen trank,
du deutsches Land, du armes Land,
Altvaterheimat mein!

Josef Kauer

An der Grenze

Wie oft hab' ich in all den bösen Jahren
ins Land hinüber feuchten Blicks geschaut,
wo sich die Hütten um den Kirchturm traut
wie Kinder um die gute Mutter scharen.

Verstummt sind Hütersang und Glockenlaut,
die uns das Lied der lieben Heimat waren;
die alten Straßen, die wir einst gefahren,
veröden hinter Draht und Distelkraut.

Du armes Land! Sei uns gegrüßt da drüben!
Und hat man auch von Hof und Herd samt Haus
als Bettelvolk die Lebenden vertrieben,

sie tragen einen Trost in Nacht und Graus:
Die Toten in den Gräbern sind geblieben
und halten schweigend Wacht und harren aus!

Hans Giebisch

Schlesische Landschaft

So klar, so licht! Die lieben Höhen schweifen
in edlem Zug. Und du kennst jeden Baum
und darfst nach jedem Steine spielend greifen
und weißt nicht mehr, was Wahrheit und was Traum.

Doch nun rauscht Regen, endlos. Mit dem steifen
Westwind füllt Nebel geisterschwer den Raum.
Du siehst nicht Wald und Berg, den Garten kaum.
Und fühlst doch deine innern Blicke reifen.

Und möchtest diesen Schleier sanft durchdringen
und durch das Licht in letzte Klarheit gehn,
wie in ein Wunder, das du nicht ermißt.

Du willst des Landes Seele liebend zwingen,
bis es dich liebend zwingt, in dich zu sehn,
und du erkennst, daß es die deine ist.

Robert Hohlbaum

Altvatergebirge

Du hast dich aufgewölbt zu großer Pracht
und reich gekrönt mit stolzer Berge Rücken,
die so wie Edelsteine dich nun schmücken,
wenn Sonne über ihren Matten lacht.

Da staunen wir zu dir hinauf vom Tal,
und es will uns ein neues Wundern fassen,
wenn wir die Blicke oben wandern lassen
in unsres Herrgotts ungeheurem Saal.

Was bleibt den ewig Wandernden zu eigen?
Ein kleiner Mensch, in die Natur gestellt,
muß sich in Demut vor dem Großen neigen.

Verschmäh es nicht, wenn wir dich Schöpfer nennen
im Angesicht der Schönheit dieser Welt,
von der wir nur ein kleines Teil nun kennen.

Albert Rotter

Und wär' ich stumm...

Und wär' ich stumm und taub
und sähe nichts,
als einer, den das Licht der Sonne flieht,
und der geplagt von jeglicher Beschwerde:
Ich wäre dennoch voll des Lichts
und sänge dir mein schönstes Lied,
besäß ich dich nur wieder, Heimaterde!
Ich küßte dich, wie man die Mutter küßt,
und wüßte, was ich nie zuvor gewußt,
und fühlte, was ich nie zuvor empfunden:
Daß du der Quell des Tiefsten bist,
das mich durchfließt und unbewußt
seit je an deinen teuren Grund gebunden.

Du bist der sehnlichste Gedanke mir,
und fänd' ich dich verwüstet und entstellt
und tief verhüllt in trauriger Gebärde:
Ich ließe niemals mehr von dir
und gäbe hin die fremde Welt
für dich, geliebte alte Heimaterde.

Hans Niekrawietz

Sudetenperle

Wer einst an hellem Sommertage
auf unsren grünen Höhen stand,
der stellte sich mit Recht die Frage:
"Wo gibt's ein ähnlich schönes Land?"

Und mancher, der die Welt durchzogen,
pocht' dann an Schlesiens grüne Tür
und sprach, den Satz wohl ausgewogen:
"Ich geh nicht wieder fort von hier."

Wir durften nur im Geist behalten,
was uns die Heimat Schönes bot;
doch die Erinnerung verwalten
ist viel, viel mehr als - Gnadenbrot!

Leopold Patzelt

Gruß an den Altvater

Grüß dich Gott, du alter Recke,
grüß dich Gott, Altvater mein!
Wenn ich deine Höhe schaue,
dann weiß ich, ich bin daheim.

Freundlich schaust du in die Ferne,
und von weitem grüßest du
als der Heimat treuer Hüter,
dem kein Sturmwind nimmt die Ruh.

Fest und trutzig, ohne Wanken
stehst du da, ein starker Hort.
Hoch zum Himmel ragt dein Scheitel,
und kein Fremder jagt dich fort.

Grüß dich Gott, du alter Recke,
du, Altvater, sei gegrüßt!
Seid gegrüßt, ihr Berg' und Täler;
teure Heimat, sei gegrüßt!

Albert Sauer

Land um den Altvater

Meiner Heimat Berge tragen
nicht den Glanz von ew'gen Firnen;
aber um die grünen Stirnen
rauscht der Wald seit Vätertagen,
wandern Wolken sanft und still.

Drunten, wo die Hütten stehen,
weint das Korn im Sommerwinde,
kommt der liebe Gott auf Zehen
wie zu einem kleinen Kinde,
das er lächelnd trösten will.

Heimat, der ich oft begegnet
in des Alltags Weltenmühle,
tausendmal bin ich gesegnet;
wenn ich deinen Atem fühle,
fühl' ich tausendfachen Lohn.

Die um dieses Glück nicht wissen,
laß sie wandern in die Weite.
Herz und Schuh und Rock zerrissen,
geh' ich zärtlich dir zur Seite
als dein vielgeliebter Sohn.

Bruno Hanns Wittek

Heimat

Es ist ein Ort wie viele andre Orte,
und doch erklingt in mir ein leiser Sang.
Es ist ein Wort wie viele andre Worte
und hat für mich doch wundersamen Klang.
Den Bach, den Baum, ich find' sie immer wieder,
ich hör' ein Lied wie hundert andre Lieder:
und doch sind Herz und Sinne wild erregt,
wenn mir die Heimat draus entgegenschlägt.

Sie ist das Wunder, das den Zauber breitet,
ob man im Lichte, ob im Dunkeln steht,
ob Höhen man, ob Tiefen jetzt durchschreitet,
sie folgt in Treue, wo man immer geht.
Sie grüßt mich aus dem Lächeln eines Kindes,
sie lockt mich mit dem Säuseln fernen Windes,
und stets aufs neue wird geoffenbart:
das Herz, o Heimat, hat dein Bild bewahrt.

Albert Rotter

Deutsche Heimat

Wo die Berge Wolken tragen
und der Wälder blau Gewand,
wo, umrankt von dunklen Sagen,
noch zerfall'ne Schlösser ragen,
dort ist meiner Jugend Land.

Wo mit lichten Dörferzeilen
sich manch grünes Tal durchwand,
wo die Flüsse glitzernd eilen,
Städtchen winken zum Verweilen,
grüß dich Gott, mein Heimatland!

Wo die Winterstürme wehen,
Sommer bräunt des Schnitters Hand,
wo die Menschen mich verstehen,
gläubig in die Zukunft sehen,
dort bist du, mein Schlesierland.

Aus der Nähe, aus der Ferne
bleibt mein Blick dir zugewandt.
Deine Sprache sprech' ich gerne,
ewig leuchten deine Sterne
mir ins Herz, o Heimatland!

Franz Karl Mohr

Altvaterland

Du grünes Tal am klaren Bach,
ihr Häuschen weiß mit Schieferdach,
von wald'gen Höhen rings ein Band -
Die Heimat! Mein Altvaterland!

Altvaterland, das tausend Jahr'
schon Heimat meiner Väter war!
Das Heimatlied klang deutsch vom Berg,
und Väterfleiß schuf deutsches Werk.

Altvaterberg! Dem Vater gleich
riefst du sie in dein grünes Reich:
die Brüder aus dem Mährerland,
aus Schlesien vom Oderstrand.

Nun bin ich weit von dir, ach weit!
So ruf mich denn, ich bin bereit!
Altvater, Heimatländchen du!
Ich möchte heim zur letzten Ruh!

Rudolf Hanker

Heimat

Vor unsern Augen lebendig dein Bild:
taufrische Fluren und Ährengefild',
rauschender Wälder grünendes Band,
Felsen und Burgen, fruchtbares Land;
Fördertürme mit Schächten und Stollen;
Hämmern und Pochen und Räderrollen,
flammende Öfen und rauchende Essen:
schaffende Heimat - unvergessen!

Stolzer Bauten wucht'ges Massiv,
sonnenvergoldetes Bergmotiv.
Dämmriges Gäßchen mit Laubengang,
uralter Linden säuselnder Sang;
Brücken mit weitumspannenden Bogen
über der Flüsse Fluten gezogen.
Volk an der Arbeit in stadtschwülen Engen,
Feierstunden mit heiteren Klängen.

Nächte des Grauens umfloren den Blick.
Hinter uns liegt ein verlorenes Glück. . .
Klage nicht mehr, weil's an vielem gebricht,
regsame Tat führt wieder zum Licht!
Trage das Bild aus vergangenen Zeiten
leuchtend in dir nach den neuen Weiten,
leuchtend wie strahlende Weihnachtskerzen:
selige Heimat - trag sie im Herzen!

Wilhelm Urban

Heilige Flur

Kapellenfirste, grau geschiefert,
Antoni und Geheime Leiden.
Nur Namen, aber überliefert,
um für der Väter Schweiß zu eiden.

Und Pfändergrund und Schwarzer Graben
und Pappelwiese, Rösselbaude.
Noch atmet, was geliebt wir haben,
aus Baum und Gräsern, Strauch und Staude.

Aus Waldhaus, Buche, Schwedenschanze
rauscht noch der Bäche Sturz kristallen.
Denn schmerzlich bleibst - gleich Erz und Pflanze -
du dieser Erde doch verfallen.

Gernot Ludwig

Vor dem Schneeberg

Wie in fernen Jugendtagen
fühl' das Herz ich wieder schlagen,
wenn ich euch, ihr Berge, seh'.
Eure sanftgeschwungnen Rücken,
welche grüne Wälder schmücken,
sagen niemals mir ade.

Sagt mir doch, wie viele Male
in der Graupa jungem Tale
ich dahingewandert bin!
Vogelsingen als Geleite,
Wellenmurmeln mir zur Seite
und ein junger, froher Sinn.

Wie ein König aufgerichtet,
hab' ich, Schneeberg, dich gesichtet,
und es zog mich heiß zu dir.
Was von deiner Schönheit Prangen
ich dereinst von dir empfangen,
ruht noch heut als Schatz in mir.

Albert Rotter

Altvaterlied

Altvater, steinern grauer Turm,
umbraust von Wind und Wettersturm!
Am Steilhang, Heidebrünnelein,
du traute Bergkapelle klein!
Ihr still versteckten Plätzchen all,
du wilde Teß, dein lieblich Tal,
du Hohe und du Schieferheid',
hoch über Wald und grüner Weid'.
Wie seid ihr doch so wunderschön,
Altvaterberge, Heimathöhn!

Kennst du sie, wenn der Frühling lacht,
oder in heller Vollmondnacht?
Kennst du die Welteneinsamkeit
der Berge in der Sommerzeit?
Weißt du, wo Herbst-Erika blühn?
Hast du erlebt Sudetenglühn?
Kennst du der Bronnen heil'ge Kraft
rings um die weite Berglandschaft?
Wie seid ihr doch so wunderschön,
Altvaterberge, Heimathöhn!

Altvater, eisgrau ist dein Haar,
dein Angesicht viel tausend Jahr.
Vor unsern Augen steht dein Bild,
von Nebelschwaden eingehüllt.
Des Urwalds Stille lauscht im Raum,
sein Raunen weht um Busch und Baum.
Der Teß wildrauschend ewig Lied,
das nachts durch unsre Träume zieht:
Wie seid ihr doch so wunderschön,
Altvaterberge, Heimathöhn!

Olga Brauner

Mein Nord

Rauher Nord, ich liebe deine Kühle,
deiner Wälder kraftgeschwungnes Lied,
dein Idyll am Bache bei der Mühle,
wo Romantik um Ruinen blüht.

Rauher Nord, ich liebe deine Berge,
deine eisgekrönte Einsamkeit.
Heimat ist dein Schoß im Reich der Zwerge,
und die Sage schlummert dir zur Seit'.

Rauher Nord, ich liebe deine Menschen
mit der herben, sinnig tiefen Art,
wo sich träumerisch versonnen Wesen
mit energisch zähem Willen paart.

Mögen andere vom Himmel träumen,
der so sonnig über Südland blaut,
von den Wogen, die da glitzernd schäumen,
von den Palmen, hoch und schlank gebaut.

Meine glühend starke Heimatliebe
schlingt um dich, o Nord, den weichen Arm.
Lob' ich fremder Größe bunt Getriebe,
wird doch nur bei dir das Herz mir warm.

Schwester Klara Fietz

Der Heimat

Weit bin ich durch die Welt gefahren,
und Freundschaft schuf mir manch Daheim;
doch fühlt' ich wachsen mit den Jahren
des Heimwehs ewig wachen Keim.
Und bot auch ihre reichste Fülle
Natur in fernen Landen dar,
ich sehnt' mich nach des Waldes Stille,
der Zeuge meiner Kindheit war.
Dir blieb mein Herz stets zugewandt,
o Heimat, o Sudetenland!

Mich, Heimat, deinen Sohn zu nennen,
oh, dessen werd' ich nimmer müd.
Und sollten uns auch Meere trennen,
dir schlägt mein Herz, dir klingt mein Lied.
Die Heimat bot mir stets das Beste,
es schlägt allein mein Herz zu ihr;
lobt ihr der Fremde Prunkpaläste,
ich lob' die schlichte Heimat mir.
Ich grüße dich mit Herz und Hand,
o Heimat, o Sudetenland!

Josef Schmid-Braunfels

Lied der Vertriebenen

Ihr habt noch Haus und Hof und Baum,
euch brennt der Trost des Heimatlichts;
wir Armen aber haben nichts,
wir haben nichts als unsern Traum.

Wir haben nichts als Trug der Nacht;
der löscht die grelle Wahrheit aus,
birgt gütig uns im tiefen Schacht
des Schlafs und führt uns sanft nach Haus.

Dann bauen wir die Heimat neu -
und reich, wie nur die Sonne glüht,
und zart, wie nur der Frühling blüht,
und sind ihr wie dem Himmel treu.

Und sind vor ihr demütig doch
und Kindern gleich in unserm Glück
und glauben groß: Ja, einmal noch
gibt Gott die Heimat uns zurück!

Robert Hohlbaum

Land der Väter

(Nordmähren)

Fahlhellen Lichtes versinkender Strahl,
Wipfel, vom Herbstwind durchwebt. -
Weit sind die Wälder, und fern ist das Tal,
wo meine Väter gelebt.

Winziger Garten, verwachsener Baum,
Strohdach, von Stürmen zerzaust. -
Eng war der Hütte bescheidener Raum,
wo meine Väter gehaust.

Webstuhlgeklapper und Spinnradgeschnurr,
Leinen, gebleicht und gestärkt. -
Emsiger Hände gesegnete Spur,
wo meine Väter gewerkt.

Rosen und Schlehen an Hecke und Hag,
Vogelvolk flüstert und piept. -
Lind war die Nacht und voll Sonne der Tag,
wenn meine Väter geliebt.

Sandige Heide und steiniges Feld,
Äcker, zerfurcht und vernarbt. -
Arm war der Boden, und karg war die Welt,
wo meine Väter gedarbt.

Kirchlein, verfallen, von Schlingkraut vermummt,
Kreuze mit moosigem Bart. -
Schweigend der Boden, die Glocken verstummt,
wo meine Väter verscharrt.

Disteln und Nesseln in bleichendem Sand,
Dörfer, beraubt und zerstört. -
Schwer ist der Himmel, und tot ist das Land,
das meinen Vätern gehört.

Walter Berger

Einst und jetzt

Einst war ich jung und ahnungslos
und träumte von der Ferne.
Mir war daheim zu wenig los,
ich hatte Fremdes gerne.
So sah ich trübe aus dem Haus
und wünschte mich recht weit hinaus.
Nur dort war Freiheit und das Glück,
und davon wünscht' ich mir ein Stück.

Doch sieh nur, wie das Leben spielt!
Es hat mir mehr gegeben,
als ich im Traume je gefühlt.
Zum Sturme ward das Leben.
Es zeigte mir die halbe Welt
und wie die Menschen drin gestellt.
Jetzt gingen mir im schnellen Lauf
die müden Augen staunend auf.

Heut sitze ich nach langer Fahrt
oft einsam und träum' wieder,
und was sich mir geoffenbart,
sinkt als Erkenntnis nieder.
Jetzt ist das liebe Heimatland
mir allen Glückes Unterpfand,
und lächelnd winkt von dort mir zu
sein Frieden und des Herzens Ruh'.

Albert Rotter

Auf der Heidelkoppe

O wundersame Waldesruh,
o wälderreiche Weite du!
Wie Koppe hinter Koppe blaut
und Berg an Berg sich höher baut!
Wie dort am blanken Himmel ziehn
der Hochschar Kämme, steil und kühn!
Und obendrauf der Fuhrmannstein
wie hingehaucht, so zart und fein!
Dort drüben über Tal und Kluft
reckt klotzig sich im Sonnenduft
der Schneeberg auf. Es flimmert blau
der Wilhelmsturm auf grünem Hau.
Weit drüben überm Glatzer Land
hängt silbermatt am Himmelsrand
Adlergebirges blasses Band.
Wie Schatten dämmert im Nordwest
des Rübezahl gewaltig Nest:
die Schneekoppe so duftig rein,
ganz wie aus Glas gesponnen fein;
du siehst sie nicht, du ahnest nur
die blasse, silberne Kontur.

Tief unten, vom Gebirg umsäumt,
im Fernendunst ruht still verträumt
mein altes liebes Schlesierland.
Die Fluren ziehn, ein dämmernd Band,
fernhin bis an den Himmelsrand;
die Neißer Türme stehn im Duft
wie spitze Nadeln in die Luft.
O Heimat, grüne Heimat mein,
dir will ich ganz verfallen sein!
Du goldner Schatz, mein Schutz und Hort,
Heimat, du muttereinz'ger Ort,
du unergründlich süßes Wort!

Josef Latzel

Heimat

Ist's geputzter Talgrundfelder
mädchenfreundlich Angesicht?
Ist's der aufgebrachten Wälder
unergründlich Nachtgedicht?
Nein, die Heimat ist es nicht.

Ist's der Steine süße Schwere?
Brauerei und Amtsgericht?
Ist's der Traum der Goldaltäre?
Heiliger im Dämmerlicht?
Nein, die Heimat ist es nicht.

Ist's der Ruf der stillen Ahnen?
Ist es Auftrag? Ist es Pflicht?
Sind es Trommeln? Sind es Fahnen?
Ist es Klage und Verzicht?
Nein, die Heimat ist es nicht.

Fliege, fliege in die Ferne,
meiner Sehnsucht Kranichzug!
Lerne, wundes Herz, o lerne:
Fluren nicht und Schwert und Pflug;
Heimat ist der Klang der Sterne
über allem, was dich trug.

Fridolin Aichner

Nebel am Altvater

Der Nebel weht, unheimlich grau
drohn heut die Krummholzkiefern.
Dazwischen ragt ein Riesenbau:
der Fels von Glimmerschiefern.

Und Wetterfichten, sturmzerzaust,
des greisen Gnomen Zeugen,
sie krachen, wenn der Sturmwind braust,
sie lassen sich nicht beugen.

Doch heute schweigen sie nur, stumm
wie tote Wetterriesen;
in Splitterfetzen stehn sie krumm,
als wärn sie in Verliesen.

Der Nebel weht; der Weg ist glatt;
glatt sind die Fichtenprügel.
Der Nebel weht so schwer und satt;
er kennt nicht Zaum noch Zügel.

Hans Hugo Weber

Altvaterlied

Wo vom Schneeberg, waldumschlungen,
die junge March sanft plätschernd fließt,
dort ist meine liebe Heimat,
ein bergumkränztes Paradies.

Tief im Tann die Hirsche röhren,
zum Birkenhain der Spielhahn zieht.
Zwischen Wurzeln, Moos und Felsen
singt laut die Teß ihr wildes Lied.

Und das Brünnlein auf der Heide,
es murmelt traut bei Tag und Nacht.
Sturmumbraust, auf stolzer Höhe,
hält treu Altvater ewig Wacht.

Refrain (nach jeder Strophe):
O Heimat du aus Gottes Hand,
mein herrliches Altvaterland!

Emil Moser

Schien is die Schles

Om Barg, ein Püschla, do setz ich so garn,
weil mer durt goar asu ägen wird,
durt, wo ich ein änsoma Stündla larn,
wos die Häm't zum pochnischen Harze führt.
Die Vögla singa, dr Toanweppel rauscht,
wenn hierboar dr Wend vom Altvoter rauscht:
"Schien is die Schles."

Kafern ond Mücklan, die summa derzu
ond tanzen voal Fräd' ein Sunnaschein.
Es trämt dos Dörfla a heilicher Ruh,
mer dächt, so muß's ein Himmelreich sein.
Jedes Astla rund ein Umkräse knackt,
derzune do schläht mei Harze ein Takt:
"Schien is die Schles."

Richard Sokl

Gesang vom Heimweh

Seltsame Heimat du, wer finge
das Lächeln deines herben Zaubers ein,
die Sprache aller schlichten Dinge,
den Reiz der Landschaft und die Ringe
des Hüttenrauches spät im Abendschein?

Seltsame Heimat, wer ertrüge
verfemt zu wandern und aus dir verbannt?
Noch blauen deine Höhenzüge
vor meinem Auge, und der Pflüge
geweihte Schare furchen durch dein Land.

Doch Haß - und sei er hart und hornen -
verhirnt das Herz nicht, das sich dir ergab.
Es grollt kein Grimm aus reinen Bornen.
Nur eine Krone sinkt von Dornen
auf einer Liebe nie gegrabnes Grab.

Gernot Ludwig

Wie schön war meine kleine Welt

Ein weißes Haus mit grauem Dach,
ein Hof, ein Brunnen und ein Bach,
ein Garten wie ein Blumenstrauß
und Kinderjubel vor dem Haus.
Wie fest sich das im Herzen hält!
Wie schön war meine kleine Welt!

Der Himmel, blau und weit gespannt,
ein schönes, hügeliges Land;
ein Wald, davor das Buschgezweig,
ein blumenreicher Wiesensteig
und roter Mohn im Ährenfeld.
Wie schön war meine kleine Welt!

Singt, Vögel, in der Sommerluft,
haucht, Blüten, weiter süßen Duft,
rausch weiter, grüner Lindenbaum!
Die Kinderzeit ist wie ein Traum,
von Gott in helles Licht gestellt.
Wie schön war meine kleine Welt!

Albert Rotter

Heimat

Wo damals blüht' die wilde Heckenrose
an jedem sommerbunten Wiesenrand,
dort sieht man jetzt die Weite der Kolchose,
und fremde Menschen gehen übers Land.

Sie wird sich immer nützlich ihnen zeigen,
die gute Erde, die ja jedem gibt.
Doch bleibt sie trotzdem ewig unser eigen,
weil sicher keiner sie, wie wir, so liebt.

Ein hartes Schicksal kann es mir verwehren,
auf Heimaterd' zu setzen meinen Fuß;
doch kann es trotzdem nur das eine lehren:
daß Heimat immer Heimat bleiben muß!

Drum, lebt ihr auch in Hessen, Bayern, Schwaben,
prägt doch die Heimat euer Angesicht.
Was eure Väter dort geleistet haben -
beraubt euch dieser stolzen Wahrheit nicht.

Wo damals blüht' die wilde Heckenrose
an jedem sommerbunten Wiesenrand,
dort sieht man jetzt die Weite der Kolchose,
und fremde Menschen gehen übers Land.

Maria Thiel

Heil dir, Altvaterland!

Wo zwischen March und Oder
ein Bergland sich erhebt,
da haben deutsche Roder
in Freiheit stets gelebt.
Im Kranze grüner Wälder
grüßt traulich Dorf und Stadt,
weit über goldne Felder,
Altvaters Sagenstatt.
O Heimat unsrer Ahnen,
des Rechtes Unterpfand,
wir hörn dein treulich Mahnen!
Heil dir, Altvaterland!

Was Kraft und Fleiß geschaffen
auf Boden rauh und hart
mit Faust und Geisteswaffen,
bleibt Zeuge deutscher Art.
Hoch über Berge, Täler
der Odem Gottes weht,
beschirmend Mark und Mäler,
Altvater Wache steht.
O Hort uralter Werke
im grünen Wälderband!
Das gute Recht uns stärke!
Heil dir, Altvaterland!

Uns heilig sei die Erde,
wo unsre Lieben ruhn,
daß uns erhalten werde
der Ahnen Geist und Tun.
Es ruft aus weiter Ferne
Altvater uns zurück,

und wie den Lauf der Sterne
lenkt Gott der Menschen Glück.
Wir suchen Recht und Freiheit
für jedes Volk und Land
und schwören dir den Treueid!
Heil dir, Altvaterland!

K. Meyer

Heimat Sudetenland

Wo umkränzt von grünen Wäldern
der Sudeten Berge blaun,
wo von Heide und von Hochschar
weit ins Land die Augen schaun,
wo am Fuß des Großen Kessels
uns der Mohra Quelle grüßt,
wo nicht weit davon die Oppa
leise murmelnd talwärts fließt,
wo Altvater und die Zwerge
reicher Sagenkranz umschlingt,
wo im Steingraben, dem Wilden
leicht und schnell die Gemse springt,
wo man kann die Hirsche hören
röhrend ihren Schrei erheben,
wo in klaren Mondscheinnächten
Nymphen Silberschleier weben,
wo seit altersgrauen Zeiten
deutscher Menschen Wiege stand,
dort ist unsre teure Heimat:
unser Ostsudetenland.

Verfasser unbekannt

Altvater

In meinen Heimatbergen
lebt ein gar güt'ger Geist
mit Feen und mit Zwergen,
den man Altvater heißt.

Vom höchsten Berg der Runde
beherrscht er die Natur.
Früh ward den Menschen Kunde,
sie folgten seiner Spur

und rodeten sich Stege
hinauf zu lichten Höhn,
um dann, am End' der Wege,
ein Zauberreich zu sehn.

Ach, keine finstern Mächte,
nur hehre Allgewalt
trat dort in ihre Rechte,
nahm an Naturgestalt.

Und sieh, sein Geist, er webte
ob all der blauen Höhn.
Wer schweigend dies erlebte,
der wird mein Wort verstehn.

Ein schönes Fleckchen Erde!
Ich trag', von Lieb' erfüllt,
als einzig teures Erbe
im Herzen fort sein Bild.

Doris Maria Abeska

Mei griene Schles

Wie onser Herrgoot hot amol
dan griene Wold erschoffn,
do hot a meiner Seele wohl
ei's Schworze neigetroffen;
denn ensre Arde, dos wäß Goot,
hot Schienres nie zu weisn,
ond war dan Wold zur Heimat hot,
dar kon sech glecklich preisn.

Mei Schlesierlandle hot ols Braut
da griene Wold umschlunge,
dr Herrgoot hot dos Poor getraut
und Engla honns besunge.
Und leg ech mech zur letzten Ruh
amol noch dam Gefrette,
so best du deitsches Landle du
mei letztes grienes Bette.

Und wenn da Herrgoot spräch: "He du,
mägst noff ein Himmel fliegn?"
Do säh ech: "Los mech do ei Ruh
ols ormer Sender liegn.,
s'konn eim Himmel, dort bei eich,
da Wald nie schiener rauschn,
warum soll ech fiers Himmelreich
mei griene Schles vertauschn?"

Viktor Heeger

Alle Brünnlein fließen noch

Alle Brünnlein fließen doch,
und die Wolken gehen.
Auch die Wälder rauschen noch,
und die Berge stehen.
Mich nur trieb ein hart Geschick
von den grünen Fluren,
und ich such' den Weg zurück
auf verwehten Spuren.

Gott nur weiß, wie lang ich muß
Brot der Fremde essen.
Wirst du, weil ich wandern muß,
Heimat, mich vergessen?
Werd' ich mit den andern auch
als ein Fremder kommen,
dem der Jugend neuer Brauch
nimmermehr will frommen?

Oh, die Brünnlein fließen noch
wie in Kindheitstagen,
und die Wälder rauschen hoch,
um es mir zu sagen:
Alle, die jetzt draußen gehn,
alt und jung nicht minder,
sind beim großen Wiedersehn
doch der Heimat Kinder.

Albert Rotter

Hohes Gesenke

Seltsam verwunschen im gläsernen Sarge,
in den dich das Herz nach dem Abschied gebannt,
trübt keine Träne dich mehr, keine arge,
atmest unsterblich du, Erde, du karge,
weiter in uns, herbes Altvaterland.

Wo im Gebirge die Walen ihr Zeichen
auf Suche nach Gold in die Felsen gekerbt,
schreiten wir fern noch die Wege, die gleichen,
euch zu begegnen und euch zu erreichen,
Höhen und Wälder, vom Herbste verfärbt.

Keiner vermag es, die Inbrunst zu schmälern;
sie hängt an den Äckern, im Schweiße gepflügt.
Dicht vor der Grenze aus steinernen Mälern
wölbt noch der Rauch blau aus Forsten und Tälern,
wo sich die Landschaft zur Heimat gefügt.

Gernot Ludwig

Heimweh

Wenn die kalten Nebel ziehen,
wird so bange mir ums Herz.
Wenn am Himmel Sterne glühen,
wird das Heimweh mir zum Schmerz.

Heimweh nach den grünen Auen,
Heimattälern, lichten Höhn;
einmal möcht' mein Auge schauen
dich, mein Dörfchen, traut und schön.

Sehnsuchtsvoll Gedanken eilen
auf den alten Straßen hin,
die am Vaterhaus verweilen,
einsam durch die Wälder ziehn.

Auf der Hochschar breitem Rücken
ruhst vom Wandern müd du aus,
während deine Augen blicken
über Täler weit hinaus.

Freundlich grüßt ein Kreuz von ferne,
und ein Kirchlein lädt dich ein.
Jedes Herz verweilt hier gerne
vor des Tabernakels Schrein.

Heidebrünnel, Gnadenstätte,
segenspendend stehst du da;
Mittelpunkt der Bergeskette,
erdenfern und himmelsnah.

Streich den Staub von deinen Füßen,
tritt ins Dämmerlicht hinein,
baren Hauptes Gott zu grüßen,
hier bist du mit Ihm allein.

Wenn die Abendwinde wehen,
geht ein Flüstern durch den Raum.
Jedes Herz spürt heißes Sehnen;
aber ach, 's ist nur ein Traum.

Helmut Hauke

Schlesische Landschaft

Die Berge steigen steil dem Himmel zu,
die dunklen Wälder sind der Wolken Truh,
daraus sie fliehen in der Morgenfrühe,
um abends sich zu betten, müd vor Mühe.

Ins schmale Tal schmiegt sich der Häuser Flucht,
uralte Bäume tragen späte Frucht,
aus kleinen Gärten quillt im bunten Kleid
an Blumen, was des Bauern Sinn erfreut.

Die Schwalben sind des kurzen Sommers Gast,
der Winter hält hier seine lange Rast;
doch wie im Wechsel auch die Zeit sich schwingt,
das Leben stark aus Mensch und Acker klingt.

Erwin Ott

Bild der Heimat

Kein Bild aus Künstlerhand
kann mir nun soviel geben
wie der Heimat Bilder,
die mir im Herzen leben. -
Nur manchmal ein Gedicht
bricht jäh die Seele mir auf,
und aus verborgenen Quellen
strömt heiß die Sehnsucht herauf.
Denn der Heimat vertrautes Gesicht
lächelt so treu mich an,
daß ich in Schmerz und Seligkeit zugleich
versinken kann.

Grete Neubauer

Des Vaters Vermächtnis

Ich hab' mein altes Heimatbuch
heut wieder aufgeschlagen.
Es steht darin manch guter Spruch,
Gedichte, Märchen, Sagen.

Ich wende langsam Blatt um Blatt,
und heimwärts eilt mein Sinnen.
Ich bin in meiner Vaterstadt,
grüß' Häuser, Türme, Zinnen.

Und wandere durch Wald und Bruch,
durchs Land in weiter Runde. -
Dank dir, du liebes Heimatbuch,
für diese Feierstunde.

Still denke ich darüber nach,
wie doch die Worte waren,
die einst mein Vater zu mir sprach
vor vielen, vielen Jahren.

Er sagte ernst und sah mich an:
"Merk, Junge, dir die Lehre:
Die Heimattreue ehrt den Mann,
sie ist das Mark der Ehre.

Ruft dich die Heimat, halte du
ihr Treue bis ans Ende."
Die Mutter nickte stumm dazu
und faltete die Hände. -

Die Eltern sind schon lange tot,
ihr Wort ist mir geblieben.
Die ferne Heimat leidet Not,
ich bin aus ihr vertrieben.

Das letzte Blatt. Von Vaters Hand
steht hier der Spruch geschrieben:
"Du sollst dein Volk, dein Heimatland
mehr als dich selber lieben!" -

Ich schließ' das Buch, die Hände still
werd' ich darüber falten.
"Wie du es wolltest, Vater, will
ich dein Vermächtnis halten."

Verfasser unbekannt

Altvaterland

Der Nebel weicht, und aus den letzten Schwaden
hebt sich der Berg, von seinem Turm gekrönt.
Bald wird sich in der hellen Sonne baden,
was sich nach Licht und Luft und Freiheit sehnt.

Zu wandern auf dem altvertrauten Pfade
beschwingten Schrittes zu der Höhe hin
und Schönheit trinken, wahrlich, das ist Gnade
und wirkt erfrischend auf das Herz, den Sinn.

Ihr gabt uns, Heimatberge, viel des Guten,
wir nahmen still das Schöne in uns auf.
Wo wir mit dir, Natur, in Eintracht ruhten,
versank die Unrast in des Tages Lauf.

Drum wandert unser Denken immer wieder
zu euch, nicht greifbar mehr der alten Hand.
Drum singen wir die trauten Heimatlieder
noch immer dir, liebes Altvaterland.

Albert Rotter

Heimat

O Heimat, holde, traute,
dein Hauch ein Wiegenlied;
schwingt doch in deinem Laute
die deutsche Seele mit.

Wie stolze Tannen krönen
dein Bergland im Gestein,
so wurzelt unser Sehnen
im heil'gen Boden dein.

Was mich die Mutter lehrte,
bet' ich mit Innigkeit:
"Gott schirm dich, deutsche Erde,
dich, Heimat, allezeit!"

Willibald Theiner

O Heimat, ich sinke nieder

O Heimat, ich sinke nieder und küsse dein armes Land,
was mich mit dir verbindet, das ist ein heiliges Band.

Wo deine Wälder rauschen und deine Wasser gehn,
will deinem Wort ich lauschen und dir ins Auge sehn.

Den Arm um dich geschlungen, den Blick zur Höhe gewandt,
geh' ich mit frohem Mute ins ewige Heimatland.

Schwester Klara Fietz

Noch einmal nach Haus

Es blühen die Blumen, es dunkelt der Wald;
es leuchten die Sterne, die Welt wird nicht alt.

Die Heimat, die liebe, blüht wieder im Mai;
die Kindheit, die Jugend, vorbei, ach vorbei!

Euch Höhen und Wälder, o Stadt und o See,
Begleiter der Frühe in Glück und in Weh,

euch grüß' ich voll Sehnsucht aus Fremde und Leid,
gedenk' ich in Wehmut der herrlichsten Zeit.

Einst lockte die Ferne, hinaus, nur hinaus -
und jetzt wär' ich gerne noch einmal zu Haus.

Richard Zimprich

Altvater

Aus dem Mährischen Gesenke,
von den Koppeln, von der Tränke
braust der Herbstwind fahl zu Berg.
Falter, Regenwurm und Käfer
schlummern schon als Siebenschläfer
mulmvermummt bei Moos und Zwerg.

Aus dem Mährischen Gesenke,
daß sie ruhlos heimwärts lenke
zwischen Hügeln kreuz und quer,
rauscht sich leise unterm Eise
in dem urgefurchten Gleise
träumend unsre Oder her.

Wind und Wolke sind verflogen,
Winter föhnzerzaust gezogen;
leise lockend haucht es her
aus dem Mährischen Gesenke,
daß es sich dem Berg hinschenke,
schimmernd sel'ges Blütenmeer!

Verfasser unbekannt

Heimatliches Wandern

Keuchend zog an schönen Tagen
die Maschine ihre Wagen
in dem Tal der Teß hinauf.
So wie Edelsteine säumten
rings im Grünen die verträumten
Dörfer dieses Flusses Lauf.

Wo im silberhellen, kühlen
Wasser die Forellen spielen,
lud es mich zu kurzer Rast.
Und wo an den Bergeshängen
köstlich rot die Beeren drängen,
war ich sommers oft zu Gast.

War's des Heidekirchleins Schöne,
war's Altvaters kahle Lehne,
immer ward das Herz mir weit!
Und ich trank, zu meinen Füßen
altvertrautes Berglandgrüßen,
walddurchrauschte Einsamkeit.

Auf den Gipfel hingetreten,
störte meines Herzens Beten
kaum noch eines Vogels Ruf.
Ich empfand in Sommers Blüte
recht des Schöpfers tiefe Güte,
der mir diese Heimat schuf.

Daß ich heut bei schneller Wende
alles noch so wiederfände,
glaube ich im stillen kaum.
Aus der Heimat, die wir lieben,
herz- und gnadenlos vertrieben,
ist mir alles wie ein Traum.

Aber wenn an Frühlingstagen
froh im Baum die Finken schlagen,
packt mich's mit der alten Lust.
Und ich zieh im Geist von dannen,
wandle unter hohen Tannen,
reines Glück in meiner Brust.

Albert Rotter

Altvaterlied

Im Wiesengrund die Dörfer stehn
und Wolkenschleier drüber wehn,
umrahmt von grüner Wälder Wand.
Wie lieb' ich dich, Altvaterland!

Der Heilsquell aus der Tiefe dringt,
der Hirsch durch Wald und Dickicht springt,
und ringsum blüht der Städte Kranz,
noch überstrahlt vom Bergesglanz.

O Heimat, mach uns deiner wert,
du nie vergeßne Muttererd',
daß wir zu deinem Wälderthron
rückkehren wie ein treuer Sohn!

Oswald Janisch

Muttersprache

Lieber, kleiner Heimatort,
deiner Muttersprache Wort
singt in schlichter Poesie
eine traute Melodie.

Herzschlag der Erinnerungen,
Glockentöne, die verklungen,
selig frohe Kinderzeit,
Wunder der Geborgenheit

schwingen in der Melodie
heimatlicher Harmonie. -
Muttersprache, liebes Wort,
aus dem kleinen Heimatort!

Olga Brauner

Der Schutzgeist im Altvaterland

Der Ostwind pfeift um Berg und Bäume,
die Krähen krächzen bang im Tann -
da stampft und donnert durch die Träume
ein Schutzgeist: unser Stämmichmann.

Wie einst in schlimmen Schwedenzeiten,
so will er in der Wetternacht
den Mantel schützend um uns breiten:
Der alte Stämmichmann gibt acht!

Alfons Hayduk

O Berge der Heimat

O Berge der Heimat, so sonnenumflossen,
von Stürmen gepeitscht und vom Regen begossen,
gepflanzt von des Schöpfers allmächtiger Hand -
euch grüß' ich, ihr Berge im Altvaterland!

Mag südlicher Himmel in Bläue und Gluten
sich baden im Spiegel der Meere und Fluten -
bei euch ist die Heimat, mir innig verwandt,
ihr Wälder und Berge im Altvaterland.

O Land meiner Väter! Noch liegt auf den Trümmern
der klagenden Heimat ein zitterndes Flimmern -
einst wird dieses Flimmern zum lodernden Brand,
zum Feuer der Freiheit im Altvaterland.

Johann Tschöp

Der Blick vom Bradelstein

Auf des Bradels stillen Wegen
wanderte ich ihm entgegen.
Da, wie jäh erstarrte Wogen
sah ich rings in kühnem Bogen
des Gesenkes Berge liegen.

Fern im Glast an ihrem Fuße
hob sich schimmernd wie zum Gruße
Olmütz aus der Hanna Weiten.
Und von dort in langer Kette
sah ich Felder, Dörfer, Städte
sich in buntem Kranze breiten.

Vor mir in dem grünen Tale
lag das langgestreckte schmale
Liebau wie in stillem Sinnen.
Aber wie auf schnellen Flügeln
strebte ich von seinen Hügeln
mit dem Blicke rasch von hinnen.

Denn es bannten mich die Reste
einer einstmals stolzen Feste,
Zuflucht trotz'ger Ritterscharen.
Und ich sann, wie doch verwegen
und gefürchtet einst die Degen,
diese Rabensteiner, waren.

Nah dahinter muß im Schatten
auf des Waldes moos'gen Matten
irgendwo der Berggeist träumen.
Hört er in versunknem Lauschen
schon ein fernes, wildes Rauschen,
sieht er Teß und Oppa schäumen?

Lächelt er zur Hohen Heide,
die sich stolz in grünem Kleide
mit dem Petersteine zieret?
Oder sucht mit Neiderblicken
er des Königs kahlen Rücken,
Altvater, der hier regieret?

Mächtig aus dem Berggewimmel
reckt er sich empor zum Himmel,
treuer Hüter seiner Lande!
Und er nickt vertraut hinüber
zu dem Schneeberg, der ein lieber
Freund ihm ist von gleichem Stande.

Dann welch seltne Augenweiden,
welch ein Schwelgen zwischen beiden!
Kepernik mit Fuhrmannsteinen,
Roter Berg mit Brünnelheide
sind die Perlen im Geschmeide,
die zum schönsten Bild sich einen.

Dieses Bild, so ohne Fehle,
brennt noch heut in meiner Seele,
daß ich's schier vor mir vermeine.
Es ist schuld, daß fern in Hessen
ich bis heut nicht konnt' vergessen
diesen Blick vom Bradelsteine.

Albert Rotter

Zuspruch

Wir haben Schicksal getragen
vom Morgen bis Mitternacht -
und wollen doch nicht verzagen!
Vielleicht, daß ein Frühling erwacht,
ehe die dunklen Mächte
werfen ihr grausames Los.
Einem neuen Geschlechte
wird der Tag wieder groß.
Noch ist uns eines geblieben,
bis einst sich öffnet das Tor:
Die arme Heimat zu lieben
wie nie zuvor!

Josef Schneider

Melancholie

Wir sind dein Volk, o Heimat der Sudeten,
beraubt, verfemt, betrogen und vertrieben!
Ob auch die Fremden unser Glück zertreten,
es steht uns ewig frei, dich treu zu lieben!

Wo deine Lüfte unsern Herd umwehten,
sind unsre Toten dir zum Pfand geblieben.
Wir denken dein in heimlichsten Gebeten,
dein Name steht auf unsrer Stirn geschrieben.

Lebt wohl, ihr Berge mit den blauen Lehnen,
durch eure Täler flössen gern die Tränen,
die wir im Heimweh der Verbannung weinen.

Lebt wohl, ihr Fluren mit den grünen Rainen,
wir werden euch das deutsche Wort nicht brechen,
im Sterben noch von unsrer Heimat sprechen.

Franz Karl Mohr

Bergheimat

Bunte Wälder, grüne Matten,
feuchte Wiesen tief im Schatten,
weiße Birken an den Hängen,
Pfade, die sich aufwärts zwängen,
klare Bächlein, morsche Brücken,
steile Felsen, Bergesrücken,
grünes Moos am grauen Stein,
Perlentau im Sonnenschein.

Stämme, die vom Sturm geborsten
in den tiefen, dunklen Forsten,
und von Blumen eingehüllt
an der Buch' ein Gnadenbild.
Hohe Farne, dürre Äste
und vom Fallwild - Knochenreste,
Steingeröll und Felsenblöcke,
moosbedeckte Wurzelstöcke.

Auf den Bergen, hoch im Frei'n,
klarer Himmel, Sonnenschein.
Gräser, die im Wind sich wehren,
scharlachrote Preißelbeeren,
Latschenkiefern, Heidekräuter,
traute Hütten, biedre Leute.
Alles dies schließt in sich ein
Bergesheimat ganz allein.

W. Stief

Ich weiß ein Land

Ich weiß ein Land, es bleibt das schönste mir,
sah ich auch vieles auf der weiten Welt.
Die Sterne strahlen anders dort als hier
am Himmelszelt,
wenn der Tag verklingt, die Nacht herniederfällt.

Ich weiß ein Land mit Wäldern immergrün,
ihr Rauschen läßt die Seele dir gesunden.
Die Blumen auf den Wiesen schöner blühn,
und ungebunden
fließt der Bach dahin, gleich frohen Stunden.

Ich weiß ein Land, wo Berge Wache stehn
und viele namenlose Gräber sind,
die Menschen fragend durch die Tage gehn,
ob nicht der Wind,
den sie gesät, als Sturm sich wiederfind'.

Ich weiß ein Land, ich will es stolz bekennen:
es ist mein Heimatland, das ich beklag und preis',
um das in ungezählten Herzen Tränen brennen,
und Gott nur weiß,
wann sie vertropfen still und leis . . .

Karl Peter

Die Heimat

Einst dachte ich, es wäre aus,
als man mir Heimat nahm und Vaterhaus.
Wie schwer trug es mein Herz und doch,
ich lebte weiter, und ich lebe noch.
Als Wunder fand ich in der Fremde hier:
Ich trag' das Bild der Heimat stets in mir.
Nun wünsch' ich nur, daß es lebendig bleibe,
wo immer ich auch bin und was ich treibe.
Ich wüßte nicht, wo ich im Leide bliebe,
ganz ohne Heimat, die ich herzlich liebe.

Albert Rotter

Heimat

Klingt ein Lied aus fernen Tagen
in mir fort bis heut
aus der Heimat, dort im Osten -
Lied aus alter Zeit.

Steht ein Bild mir oft vor Augen:
Heimat, liebster Ort!
Die Erinnrung meiner Kindheit
lebt! Nie geht sie fort.

Hab' sie tief ins Herz genommen -
Tröstung und Gewinn;
Erbe, Auftrag zur Bewährung,
wo ich geh' und bin.

Herbert Gröger

Altvaterlied

Wo mit Schlesiens grünen Auen
sich das Mährerland vereint,
auf der Wälder dunkle Brauen
hell die liebe Sonne scheint,
von des Schneebergs steilen Hängen
hin bis an der Oder Strand:
sei gegrüßt, du liebe Heimat,
Gott mit dir, Altvaterland!

Wo umkränzt von hohen Gipfeln
still-verträumt die Heide liegt,
in ein Meer von grünen Wipfeln
sich das Heidekirchlein schmiegt,
wo der Schöpfung ganze Schönheit
ich zum ersten Mal empfand:
sei gegrüßt, du liebe Heimat,
Gott mit dir, Altvaterland!

Wo wie liebe Freunde grüßen
jedes Haus und jeder Baum,
wo ich zu der Mutter Füßen
träumte meinen ersten Traum,
wo im Tal, dem waldumrauschten,
meiner Väter Wiege stand:
sei gegrüßt, du liebe Heimat,
Gott mit dir, Altvaterland!

Viele Jahre muß ich weilen
nun schon in der Fremde hier;
aber meine Wünsche eilen
immer wieder heim zu dir,
zu dem schönsten Fleckchen Erde,
das ich je im Leben fand:
sei gegrüßt, du liebe Heimat,
Gott mit dir, Altvaterland!

Louis Karschin

Heimaterde

Ach, alles, ob es klein, ob groß
und ob's das Liebste wäre,
fällt dieser Erde aus dem Schoß,
wie Korn aus reifer Ähre.

Und alle Alltagsdinge sind,
an solchem Maß gemessen,
Spreu, die der nächste Wirbelwind
jagt taumelnd ins Vergessen.

Wieweit sich auch die Welt gefällt
in prahlender Gebärde,
Stern der Verheißung überm Zelt
bleibt nur die Heimaterde.

Bruno Hanns Wittek

Gelöbnis

Wir lassen dich nicht, Heimat,
du unser liebes Land;
dir bleiben wir verhaftet,
und nie zerreißt das Band.

Du bist ja unsre Mutter,
wir deine Kinder sind.
Wie könnte denn vergessen
die Mutter je ihr Kind!

Du Land der blauen Berge,
du Land der Täler weit,
du unsre Freud' und Wonne,
du unser Schmerz und Leid!

Und ob man uns vertrieben,
wir lassen nicht von dir;
du bist und bleibst die Heimat,
und wir gehören dir.

Dir bleiben wir verhaftet,
wir heben hoch die Hand:
Dir schwören wir die Treue,
du unser Schlesierland!

Albert Sauer

Heimat

Wer kann das Bild vernichten,
das Bild, das in uns ruht:
der Wälder grüne Fichten,
des Flusses helle Flut,
die Dächer, Türme, Tore,
der Brunnen stillen Sang!
Forttönt in unsrem Ohre
der Glocken Feierklang.

Du bist uns nicht entschwunden,
kein Traumbild, das zerstiebt!
Du wirst in Trennungsstunden
mehr als zuvor geliebt.
Und dieses treue Lieben
hält allen Stürmen stand.
Was Gott ins Herz geschrieben,
löscht keine Menschenhand!

A. Blaha

Heimatbilder

Nicht in südlich sonnenheißem Prangen
offenbart sich, Heimat, dein Gesicht.
Einem Land gilt unser Heimverlangen,
das in herber Schönheit zu uns spricht.

Wenn die Zeit in wildem Vorwärtsstürmen
auch verwischt, was innen leise webt,
such' die lieben Züge ich zu schirmen
und erneu're, was im Herzen lebt.

Bilder hol' ich aus der alten Truhe,
sachte gleitet über sie mein Blick,
und wo ich auch bin und was ich tue,
in die Heimat geht mein Weg zurück.

Berge, Wälder und des Dorfes Breiten,
ihr bewahrt sie, Bilder, unversehrt!
Und wo unsre Füße nicht mehr schreiten,
wird dem Geist der Zutritt nicht verwehrt.

Albert Rotter

Mei Schlesierland - mei Heimatland!

Ein Frühjoahr,
wenn der Kuckuck ruft,
do grünt's
ei jeder Felsenkluft,
do kriechn raus
aus Schnüe und Eis
viel tausend Blümla
rut und weiß
und blo und gal
und aollerhand
ein onsern schüenen
Schlesierland;
wie freut sich
jede Kreatur
ei Wald und Feld,
af Wies und Flur!
Du lieber Herrgott,
halt die Hand
of onser liebes Heimatland!

Engelbert Adam

Altvaterland, mein Heimatland

Altvaterland, mein Heimatland,
ihr Berge und du Wald!
Der schönste Traum, den Gott geträumt,
hier wurde er Gestalt.

Welch Land so lieblich weich wie du
und doch so herb und stolz?
Es lacht die Birke silberlicht
aus dunklem Tannenholz.

Und Eichen stehen stark und kühn
mit Kiefern zwischendrein.
Marille und der Pfirsich reift
im warmen Sonnenschein.

Und golden Buchenwälder glühn
und rot das Heidekraut.
Es hat noch jeder Tag von dir
ein neues Bild erschaut!

Im sanften Tal das Dorf, die Stadt
und rings die blauen Höhn.
Wo ist doch gleich ein zweites Land
wie du, o Heimat, schön?

Altvaterland, mein Heimatland,
du meiner Seele Hort;
das Rauschen deiner Wälder lebt
in meinem Blute fort.

Ich werde stets ein Fremder sein
in jedem fernen Land,
weil deine Schönheit, Heimat, mir
das Herz auf ewig band.

Doris Maria Abeska

Heimat

In den Mutterschoß, dem ich entstiegen,
kehr' ich, mich bescheidend, still zurück;
will mich tief in deine Güte schmiegen,
und mein erstes sei mein letztes Glück.

Mutterglut, entströmt dem Schoß der Erde,
kühlen Windes weht ihr grünes Haar.
Mutter, hilf mir, daß ich wieder werde,
was ich tief im Herzen immer war.

Ach, nur eine Scholle sei mein eigen,
dir entquollen in der Welt des Scheins,
und ich fühle mich im Demutneigen
mit des Lenkers Willen wieder eins.

Und ich will nichts sein als Korn und Krume,
überblaut von treuen Himmels Hut,
wie der Saft zum Kelch der Schwester Blume
quillt zum Herzen mein verjüngtes Blut.

Blut, entströme in die heil'gen Schächte,
läutre dich zu blühendem Gestein;
Atem, wehe in die Zaubernächte,
daß ich dein bin, Land, unnennbar dein!

Stoße tief ins Herz die reine Klinge,
Sonne, mir zu seligem Vergehn;
tausendfach werd' ich in jedem Dinge,
deinem Frühling lebend, auferstehn!

Robert Hohlbaum

Heimat

In die Ferne geht mein Klagen,
in das ferne Heimatland,
das zur Steppe ist geworden,
das zur Öde ist verbrannt.

Wo einst frohe Lieder klangen,
ist es still jetzt wie im Grab;
und die Nächte sind ein Grauen,
und ein Schrecken ist der Tag.

Berg und Täler trauernd klagen,
alle Freude ist verhallt;
bitterlich die Bäche weinen,
und es weint der grüne Wald.

Heimat, meine ganze Seele
ist ein einzig Klagelied,
das bei Tag und in den Nächten
über deine Fluren zieht.

Albert Sauer

Die Braut im Aschenbrödelkleide

Ich hörte viel von ihr erzählen,
weil Heimat unerschöpflich ist.
Was sollte ich daraus wohl wählen,
wenn ich davon berichten müßt'?

Am treffendsten auf seine Weise
hat mir's ein alter Freund gesagt,
als er, zurück von seiner Reise,
was er gesehen, tief beklagt.

Was früher schönste Augenweide,
ist heute trostlos, leer und wüst,
die Braut im Aschenbrödelkleide.
Man schaut erst, ob sie's wirklich ist.

Wie kannst du, Heimat, auferstehen?
Es gibt kein "Bäumlein, schüttle dich!"
Es will ja selbst der Wald vergehen,
kein froher Himmel öffnet sich.

Uns nur, ihr lieben Heimatfluren,
die ihr uns einmal reich beglückt,
sind eurer Schönheit tiefe Spuren
noch unverwischt ins Herz gedrückt.

Albert Rotter

B

Städte und Dörfer

Landstädtchen

Um müde Mauern rankt sich wilder Wein.
Dann geht es durch der Gassen krumme Zeile
zum weiten Platz mit der Mariensäule,
und wo der Brunnen strömt aus grauem Stein.

Die alten Schilder laden freundlich ein,
daß man zu Gast in kühler Stube weile,
und niemand hat, so scheint es, sondre Eile;
auch all die Häuslein schauen schläfrig drein.

Es ist, als ob die Zeit beim Stundenschlagen
die Hände feiernd legte in den Schoß
und lauschte leisem Lied aus fernen Tagen.

Die Menschen leben hier ein stilles Los,
das sie getrost in ihrer Enge tragen:
ein kleines Leben - doch an Treue groß.

Hans Giebisch

Liebes, trautes Dörfchen du!

Ach, ich hört' auf weiten Reisen
viele ihre Heimat preisen,
hört', von ihrer Schönheit trunken,
sie mit Gärten, Bauten prunken,
sah dort die Paläste stehn,
Schlösser an den stillen Seen.
Nichts von allem kommt dir zu,
liebes, trautes Dörfchen du.

Heut noch seh', wie viele Male,
ich dich langgestreckt im Tale,
und dein Schmuck sind goldne Felder,
grüne Wiesen, stille Wälder,
kleine Häuser, weiß und rein,
Gärtchen wie ein Rosenhain.
Ja, so lächelst du mir zu,
liebes, trautes Dörfchen du.

Und so hab', was auch verflossen,
ich dich in mein Herz geschlossen.
Nicht in hoheitsstolzem Prangen,
von dem Glanz der Welt umfangen,
nein, so wie ein lichter Traum,
hingelehnt am Waldessaum,
lebst du in mir immerzu,
liebes, trautes Dörfchen du.

Albert Rotter

Abschied vo Adamsthal

(Das Gedicht paßt auf die 2 gleichnamigen Orte bei Mährisch-Altstadt und Würbenthal; beide liegen nur etwa 30 km auseinander.)

Ei dan Barga liegt a Derfla, 's ies ju freilich gor nie gruß,

doch durt laba liebe Leitla, die ma oalle garn hoan muß.

Bale sol ich dich verlossa, och, wie schien wor's doa amol!

Nä, ich war dich nie vergassa, dich, mei liebes Adamsthoal!

Ei dan Bäma stiehn de Heisla, klän sein se, vo Holz drbaut,

schiene Bluma bliehn ein Fanstarn ond de Vegla senga laut.

Brät ond moosig sein de Dächer, Fachwerk guckt doronder fier.

Oft ond oft besoahn sich Moler diese schiene ole Zier.

Nabam Wage rennt dos Bächla, eifrig ploppert's früh ond spet,

ols wollt's ens recht viel drzehla, wu's harkemmt ond wu's hingeht.

Bale sol ich dich verlossa, och, wie schien wor's doa amol!

Steil ond stänig sein de Felder, mühsam is de Arbt dodruf.

Stolz of dos sein kon a jedes, wos dr Hände Arbt
do schuf.

Oft ho ich durt vo dan Barga, die dar griene Wald
begranzt,

nogesahn eis kläne Därfla, dos vo Blütta ganz
emkranzt.

Stell ond friedlich loag's tief dronda, werklich,
wie a Paradies!

Ond do ho ich's erscht verstanda, warum's Adams-
thoal wohl hieß.

Bale sol ich dich verlossa, och, wie schien
wor's doa amol!

Walburga Schmidt-Latzel

An Bad Ullersdorf

Laß an deinen reinen Quellen
alle müden Leidgesellen
von Enttäuschung, Weh und Wunden
still gesunden!

Laß den Blick sie lächelnd weiten
über allen Gram der Zeiten,
fern der Welt und nah der Spur
der Natur.

Grünes Tal voll Waldesrauschen,
lehr uns alle wieder lauschen,
was die Sterne und die Brust
künden in verschwiegner Lust.

Und so führ an linden Händen,
alle, die zu dir sich wenden,
zu der Seele heitrem Glück
und zu froher Kraft zurück!

Emil Hadina

Bärner Heimatlied

Lieder ho ich schon gor viela ei män Labn ogestimmt;
ober etz lott mich äns singa, dos mir aus'm Herz'n kimmt.
Es wor lostich, es wor traurich, jeder singt sei ägnes Lied.
Ober dos vo unserm Stadtla, Leitla dos singt olle mit.

Kehrreim:
Klänas Stadtla, ormes Stadtla, mir dos liebsta of der Welt!
Unser Herrgott hot's schon rechtich of sei Platzla hingestellt.
Un wir Barner, olle hon m'r unser liebes Stadtla garn.
Heimatstadtla, Heimatstadtla, klänes, ormes, liebes Barn!

Vo dr Boach bis nof zum Kreizberg un bis naus zur Gießett gor
ziehn die Gaßlen, ziehn die Stros'n, Haiser aa a gonze Schor.
's hot woll orga Quetsch'n drunder, 's hot mehr Dreck als Pflosterstän,
's bleit hoalt doch mei liebes Stadtla, denn drhäm is halt drhäm.

's hot wos mitgemocht, dos Stadtla, 's stieht wohl siebenhundert Johr:
Hungersnot un gruße Feier und die Cholera sogor.
Welde Tatern, Schweden, Preis'n hon gehaust ei bieser Zeit;
ober Leitla, Leitla satt och, unser Stadtla stieht noch heit.

Wiesen, Wälder, Pauernfelder, Hober, Broch un Klee
un Korn;
Stäne hot's genug drzwesch'n, reich is noch ka
Pauer worn.
Fährt eim Winter mit n' Bratlen, liegt eim Sommer
faul eim Gros
bei der Sonnhett hinderm Kreizberg, nä, ihr Leit,
wie schien is dos!

Wäß an grus'n, ruich'n Gort'n, tut sich em die
Kirch remziehn.
Muß ich fort - vom grus'n Gort'n muß ich Obschied
nahma giehn.
Gor viel gude Freindlen lieg'n dort beisomm ei
guder Ruh.
Komm ich weder, komm ich weder, Freindlen komm
ich aa drzu.

Karl Wyličil

Du liebes Bautsch!

Wie liegst du doch, umrahmt von grünen Hügeln,
so schön gebettet in das weite Tal,
wohin die Sehnsucht sich auf schnellen Flügeln
vergeblich flüchtete schon tausendmal.

Nur in Gedanken kann dich noch erreichen,
wer einst in deinen Mauern hat gelebt.
Der Übermacht mußten wir alle weichen,
so sehr die deutschen Herzen auch gebebt.

Und unser Gotteshaus, das Bautscher Sassen
seit zweimal hundert Jahren Zuflucht bot,
daß wir es jenen mußten überlassen,
war nicht der kleinste Schmerz in unsrer Not.

Ja, dir zu Ehren schrieb ich diese Zeilen!
Im Geiste stehn wir vorm Altare dort,
und während wir so fern noch müssen weilen,
klingt wie von deiner Kanzel Gottes Wort.

Ich aber bet' mit allen Bautschern heute,
eh' ich noch aus der Hand die Feder leg':
"Herr, gib, daß jenes Glockenturms Geläute
uns bald empfange, wenn wir gehn den Weg,

den alle schon seit Jahren heiß ersehnen,
ihn, der uns führen wird einst heimatwärts,
und in der Bautscher Kirche unter Tränen
sein Dankwort spricht das vielgeprüfte Herz!"

Anni Wentenschuh

Lied der Bennischer

Bennisch, kleines Bergesstädtchen,
dich hat deutscher Geist geziert.
Bauern pflegten deine Felder,
haben stolz den Pflug geführt.

An dem Webstuhl schafften Menschen,
freudig voller Arbeitslust,
daß ihr Können Weltruf hatte,
machte sie so stolz bewußt.

Segen wohnte in dem Städtchen,
Wohlstand zeigte jedes Haus,
bis man diese frohen Menschen
jagte in die Welt hinaus.

Alle nun, die lieben Benn'scher,
träumen vom verlornen Glück,
denken oftmals an ihr Städtchen
lieb und sehnsuchtsvoll zurück.

Rudolf Beyer

Lied der Bladensdorfer

(Kreis Mährisch-Schönberg)

Noch steht ein Enkel jener Linden,
die einst umfriedeten den Plan,
wie alte Sagen uns verkünden,
den sich die Quaden ausersahn,
um Sonnenwend sich auszurasten.
Auf Bärenhäuten mocht' es sein,
von Jagd, von Spiel und Tageslasten,
vor ihrem Zug zum Heidestein.

Und auf des Heidesteins Gemäuer,
auf felsigem Naturaltar,
da loderten die Höhenfeuer,
da brachten sie ihr Opfer dar.
Und von den Bergen in der Runde
strahlt es zurück zum Heidestein
und bringt dem Stamm die stolze Kunde,
vom deutschen Volk umringt zu sein.

Der Grauen einer von den Recken
wirft Scheite in den hellen Brand,
um neue Flammen aufzuschrecken.
Dann ruft er hin ins weite Land:
Den Göttern gilt dies Feuerzeichen,

wir stehen unter ihrer Hut.
Den Flammen soll die Liebe gleichen
zum deutschen Volk mit reiner Glut.

Mit Markomannen treu im Bunde
zog's auch die Quaden gegen Süd,
und in der herben Abschiedsstunde
den Römern trutz erklang das Lied.
Voran der Markomannenfahne,
die Bleibenden bebaun das Land,
und von dem liedumkränzten Plane
ward Bladensdorf der Ort benannt.

Johann Kopp

Mein Breitenau

Dorfgemeinde im Bezirk Freudenthal

Im Geiste seh' ich dich, o Heimat,
weit überspannt vom Himmelsblau,
mit deinen Tälern, deinen Höhen
und mein geliebtes Breitenau.

Die Kirche in des Ortes Mitte,
die Wälder ringsum grün und lau;
ja, alle Stätten meiner Jugend
in und bei dir, mein Breitenau.

Du bleibst die Mitte meines Lebens,
auch wenn du nun so fern und grau,
das Ziel und Ende allen Strebens,
du mein geliebtes Breitenau.

Guido A. Schmidt

Buchelsdorf

bei Freiwaldau

Inmitten hoher Berge,
im tiefen Tal so traut
liegt unser Heimatdörfchen,
der Himmel drüber blaut.

Von Wäldern ist's umgeben,
von Wäldern, tief und schön,
wo blaue Blumen blühen
und Kinder Märchen sehn.

Im kühlen Tannengrunde
der Wildbach murmelnd schäumt,
im stillen Hau verborgen
die alte Mühle träumt.

Vorm Vaterhaus im Gärtlein
die Rosen duften mild,
vom Marterl an dem Wege,
da grüßt der Jungfrau Bild.

Wie eine gute Mutter
der Heimat Kirche steht,
darin in goldnem Schreine
das Herz der Heimat geht.

O Heimat, teure Heimat,
du stilles Dorf im Tal!
Nie können wir dich lassen,
dein sind wir überall.

Albert Sauer

Deutsch-Liebau

Wie Mutterarme, die das Kind umschlangen,
gebettet zwischen Berg, Wald, Feld und Duft,
umkost von Vogelsang und Frühlingsluft,
so hält dich heute noch mein Herz umfangen.

Am Marktplatz standen still die alten Linden
und spiegelten sich in des Bächleins Flut.
Wie köstlich hat sich's auf der Bank geruht,
ließ Frieden sich dort in dem Schatten finden!

Dann ging's hinüber auf dem schmalen Steg
den Steig zur Kirche und den Friedhofsweg,
den ich so oft mit meinen Lieben schritt.

Die Bilder, ach, sie gehen mit mir mit.
Lebendig ist das Dorf, der Blütenbaum,
ein Paradies in einem fernen Raum.

Albert Rotter

Frankstadt - mein Heimatort

Wo der Haidstein übers Teßtal sich erhebt,
wo der finstre Forst so manche Sagen webt,
wo der Ahnen Schweiß auf eines Fürsten Ruf
mühsam rodend sich die traute Heimat schuf:
dort ist Frankstadt, meiner Seele Hort;
denn das ist mein lieber Heimatort.

Blicktest du, o Wandrer, in der Fluren Rund,
tat sich deinem Auge Gottes Segen kund;
Handwerks goldner Boden und der Bauern Fleiß
schufen hier auf Erden schon ein Paradeis.
O du seliges, vertrautes Wort:
Frankstadt, du mein schöner Heimatort!

Heute träum' ich oft von dir in fernem Land,
wohin mich des blinden Schicksals Macht verbannt.
Es ergreift mich ein Verlangen, nie geahnt,
tief aus Herzensgrunde, das sich Worte bahnt:
Du lebst unvergessen in mir fort,
Frankstadt, einzig lieber Heimatort.

Richard Hasler

Heimatstadt Freiwaldau

Wie bist du fern - und dennoch uns so nah!
Du Stadt, von grünen Hügeln sanft umgeben,
wo rings der Heimat Berge sich erheben -
beglückt das Aug', wenn es dich wiedersah!

Dort an der Biele lebt die Jugendzeit:
Hier stand das Elternhaus, die Schule dort -
noch klingt in uns so manch verwehtes Wort
vergangner Tage - und das Herz wird weit!

Zum Ringplatz mit dem Rathaus geht der Blick,
zu alten Häusern, manchen Gassen auch -
so manches Fest, den heimatlichen Brauch
bringt die Erinnerung uns heut zurück.

Wie ist doch alles längst verweht und weit!
Doch alte Freundschaft wollen wir nicht missen,
dich, unser schönes Freiwaldau, heut grüßen:
Es sei ein Gruß an unsre Jugendzeit!

F. Divischek

Nächtliches Tal

F r e i w a l d a u

Ich steig' den Hügel froh hinan. . .

Und lange blick' ich in die Nacht,
die mich umgibt in stiller Pracht.

Das Tal ist herrlich von der Höh.
Süß schlummernd liegt es mir zu Füßen,
bestickt mit Licht. Ein dunkler See
mit eingewebten Himmelsgrüßen:
So träumt das Städtchen dort am Grunde
in nächtlich tiefer Abendstunde.

Die schwarzen Schatten vom Hügelkranz
umdunkeln des Tales Lichterglanz;
des Flusses heimlich leiser Klang
verrauscht wie ferner Kirchgesang,
das Lied des Waldes scheint verhallt,
es weicht der stummen Nachtgewalt.
Doch oben am klaren, weiten Himmel
da funkelt der Sternlein helles Gewimmel,
der endlose Reichtum der andern Welt,
die Brücke, die Seelen zusammenhält.

Hans Mayer-Königsreiter

Es liegt ein Städtchen. . .

Es liegt ein Städtchen an der Biele
umrankt von Bergen - immergrün,
wo ich als Kind bei frohem Spiele
einst glücklicher gewesen bin.

Ich war vertraut mit all dem Schönen
auf Feld und Flur, in Wald und Hain,
und ließ mich vom Gefühl verwöhnen,
ein Kind der "grünen Schles" zu sein.

Ob's Sommer war in Pracht und Wonnne,
ob's Winter war, erschreckend rauh,
für mich schien immerzu die Sonne -
am Gräfenberg, in Freiwaldau.

Nur eines möcht' ich noch erleben,
vergessen wär', was mir geschehn -
zum Dankgebet die Hände heben -
würd' Freiwaldau ich wiedersehn!

Leopold Patzelt

Freiwaldau

Stadt an der Biele, den Bergen zu Füßen,
von Wäldern umrauscht und von Quellen umschäumt:
Klingt mir dein Name, ertönen und fließen
alle die Brunnen, die hell sich ergießen
zum Lied, das ein reicherer Schöpfer erträumt.

Ruhevoll blinkte in köstlicher Schale
dein Leben wie Wein, der in Stille erglüht.
Langsam vernarbten die schmerzenden Male -
und wie im Frühling die Gärten im Tale,
waren die Herzen zur Freude erblüht.

Wanderer, fühlst du das treue Geleite
der Gassen wie Arme, lebendig verzweigt?
Ach, unter Schlesiens Himmel ins Weite
unbeschwert wandern, die Liebste zur Seite,
die in Geborgenheit lächelt und schweigt!

Wandern im Frühlicht im Zug der Sudeten
zur rauschenden Teß und zum Altvater hin!
Hörst du der Hirten Schalmeien und Flöten?
Tage, die groß um die Gipfel sich röten,
erheben mir bildhaft noch immer den Sinn.

Stadt an der Biele, den Bergen zu Füßen,
von Wäldern umrauscht und von Quellen umschäumt:
Klingt mir dein Name, ertönen und fließen
alle die Brunnen, die hell sich ergießen
zum Lied, das ein reicherer Schöpfer erträumt.

Hans Niekrawietz

Freiwaldau

Du Perle der Sudeten,
du Stadt so zauberschön,
wie könnte dich vergessen,
der dich einmal gesehn!

Umsäumt von hohen Bergen,
vom Himmel überblaut,
umkränzt von grünen Wäldern,
bist du wie eine Braut.

Wie soll man dich vergleichen?
Schön bist du ohne Zahl.
Du bist wie eine Blume,
die blüht im tiefen Tal.

Freiwaldau, liebes Städtchen,
du bist mir wie ein Lied.
Wenn ich an dich nur denke,
wird's licht mir im Gemüt.

Albert Sauer

Mein Freudenthal

Liebe Stadt im Fichtenkranze,
hingeduckt und bergumsäumt,
prangst du da im deutschen Glanze,
wo bei Arbeit keiner träumt.
Wo der Segen geht aufs Ganze,
und wo Frohsinn überschäumt:
Sei gegrüßt viel tausendmal,
du mein liebes Freudenthal!

Sahst die Knappen Erze holen
aus den Stollen rings im Land;
sahst die Scharen der Mongolen,
in Zerstörungswut entbrannt.
Sahst die Köhler Meiler kohlen,
wie ihr Kirchlein still entstand.
Sei gegrüßt. . .

Sahst der Würben wackres Walten,
Luthers Lehre auferstehn;
sahst die deutschen Ritter schalten
für des Städtchens Wohlergehn,
sahst der Völker Kriegsgestalten,
Seuch' und Hunger kommen, gehn.
Sei gegrüßt. . .

Deiner Bürger hohes Sinnen
war um deutsches Recht bemüht;
deiner Weber echtes Linnen
hat den Weltmarkt übersprüht.
Für die Freudenthalerinnen
hat schon manches Herz geglüht.
Sei gegrüßt. . .

Fremde Macht und fremde Tücke,
Blutgespenst und Tschechengier
baun vergeblich eine Brücke,

schöne deutsche Stadt, zu dir.
Bleibe treu in Not, im Glücke
deinem Volke für und für.
Sei gegrüßt. . .

Erwin Weiser

Abschied von Freudenthal

Lang ist es her, daß ich von dir gegangen.
Ich war ein Kind, nun ist mein Haar schneeweiß;
doch wie vor Zeiten, so auch heut als Greis,
fühl' ich von gleicher Wärme mich umfangen.

Die Stunden flohen, flüchtig wie das Glück,
in alte Gleise zwingt es meinen Fuß;
noch einen wehmutsvollen Abschiedsgruß
send' ich dir zu, noch einen letzten Blick.

Und nun leb wohl, du freundlich stiller Ort,
du Heimat mein in deiner Hügel Wellen!
Kaum mochte mein Gemüt sich fröhlich hellen,
reißt das Geschick mich wieder von dir fort.

Doch wenn auch längst im Strom der Zeit ent-
schwunden
die vielen Freuden, die mir dort entsprossen -
von der Erinn'rung letztem Schein umflossen,
erstehn mir wieder all die frohen Stunden.

Gustav Schilder

Gruß an Friedeberg

im Bezirk Freiwaldau

Das kleinste Städtchen in Altvaters Reich,
gewachsen auf Fels von Granit.
Ringsum, einem farbfrohen Kranze gleich,
man Fluren und Bergwälder sieht.

Ein Burgfried als Kirchturm das Städtlein krönt;
im Wallgraben blüht es so bunt.
Der Gotteshausberg, den ein Kirchlein verschönt,
gibt herrlichen Blick in die Rund'.

Aus Steinwerken klinget der Arbeit Lied,
Sprengschüsse durchdonnern die Luft.
Daneben der Bauer die Furchen zieht -
o wie köstlich der Scholle Duft!

So sehn wir Vertrieb'nen den Heimatort,
der unser durch Jahrhunderte war;
doch sind wir auch noch so weit von ihm fort,
wir bleiben ihm treu immerdar!

Franz Kiegler

Glasdörfl (Nordmähren)

Beim Schneeberg, wo die March entspringt,
dort ist die Heimat mein.
Wo unsrer Ahnen Kraft geschafft,
möcht' ich auch heute sein.

Weil zwischen Berg und grüner Flur
ein freundlich Dörflein liegt,
das Kirchlein mit der Sonnenuhr
sich in das Dörfchen schmiegt.

Es ladet ein zum kühlen Trunk
ein Gast- und Einkehrhaus.
In seliger Erinnerung
bleibt Schul- und Elternhaus.

Im Wald der Axtschlag fällt den Baum,
vom Steinberg bläst der Wind.
Ein hoher Schlot zur Arbeit ruft;
am Mühlbach spielt ein Kind.

Auf weitem Feld ein Pfluggespann,
das lange Furchen zieht;
wo froh der junge Ackersmann
zur Arbeit pfeift sein Lied.

Von diesem Ort, so traut und lieb,
trieb uns einst fremde Macht.
Was uns gehörte, alles blieb:
der Heimat stolze Pracht.

Verlassen stehn wir in der Welt,
kein Mensch kennt unsern Schmerz;
bis uns der liebe Gott einst ruft,
und stillsteht unser Herz.

Anna Olbricht

Mein Heimatort

G o l d e n s t e i n

Im schönen Nordmährlande, da ist mein Heimatort.

Er liegt am Grenzenrande, deutsch klingt hier Lied und Wort.

Von Bergen rings umgeben, von Feldern, Flur und Hain,

winkt von den Felsenhügeln mein Städtchen Goldenstein.

Hier brachen einst die Ahnen den Boden hart und schwer.

Im Blut spür' ich ihr Mahnen: "Die Heimat gebt nicht her!"

Und drücken uns auch Sorgen und völkisch tiefstes Leid,

es kommt ein junger Morgen nach jeder Schicksalszeit.

Drum werd' ich nie vergessen dich, lieber Heimatort.

Will ehren dich und schätzen und weihen dir mein Wort.

Will weihen dir mein Leben, mein Herz und meine Hand.

Gott gib dem Städtchen Segen, wo meine Wiege stand!

Alois Effenberger

Gräfenberg

Dort, wo viele Quellen springen
aus der Erde tiefem Schoß,
wo die dunklen Wälder singen,
wo auf Steinen duft'ges Moos -
dort - im herrlichsten Gewand
Gräfenberg entstand.

Wo im Schatten hoher Linden
müde, kranke Menschen hoffen,
wo sie Rast und Ruhe finden,
wenn von Leiden sie betroffen,
dort - ein wahres Meisterwerk -
liegt der Gräfenberg!

Leopold Patzelt

Hannsdorf – Heimatparadies

Dort, wo die Wälder leise rauschen,
die junge March so traulich fließt,
liegt Hannsdorf, unsre Heimatortschaft,
ein bergumkränztes Paradies.

Wo Ahnen einst mit Blut und Tränen
aus Urwald schufen Ackerland,
dort bist du, Hannsdorf, waldumgeben,
wo ich stets Glück und Frieden fand.

Wo wir die ersten zagen Schritte
einst gingen an der Mutter Hand,
dort ist die wunderschöne Heimat,
in Hannsdorf unsre Wiege stand.

Ein hart Geschick hat uns vertrieben
aus diesem schönen Heimatort;
doch, Hannsdorf, du bleibst unvergessen,
du lebst in unsern Herzen fort.

In guten oder bösen Tagen,
dein denken wir zu jeder Stund'.
Hannsdorf, du Heimat in der Ferne,
wir grüßen dich aus Herzensgrund!

Emil Moser

Hofer Lied

Tief ein Toala zweschen Bargen
legt mei liebes Stadtla Hof,
vo grün Weesen, grüne Feldern,
von grün Peschlen eigesämt.

Und die Bachlen, klor und helle,
springa flink dar Lobnich zu,
und die Vögalen tun singe:
Hof mei Hof, wie scheen best du.

Best eis Herze mir gewochsen,
Annaberg, ich muß dir's sähn,
host viel Frede und viel Kommer
wie a Freind mit mir geträn.

Und die Mädlen und die Buben
hoan an treien deitschen Senn,
holden feste zu dan Stadtla,
wal se ihm so gut gesennt.

Und die Leit vom olden Schloge:
Grobt mich och deheme ei;
bei men Bargen, bei men Stadtla
well ich a ein Hemmel nei!

Refrain (nach jeder Strophe):
Dich mei Stadtla lieb ich ennich,
weil mei Herze schlägt noch worm;
und ich war dich nie vergassen,
dich mei Stadtla, klen und orm!

Klara Rödert

Heimat Jauernig

Stille, verträumte Stadt,
wachsend aus dörflichem Grund:
Wogende Felder und Wald
schließen dich sommerlich ein.
Über Giebel und Turm,
eng ans Gebirg schon gelehnt,
hebst du das Schloß empor,
daß es wache und schau
weit ins verblauende Land.
Um deine Mauern kreist
im unsterblichen Lied
Eichendorffs ewiger Geist,
Zedlitz mit Tat und Gesängen
drängt in die Welt hinaus,
und aus festlichem Raume
klingt gedämpfte Musik:
Ditters von Dittersdorf!

Heimat, Brunnen so tief,
rauschender Quell in mir:
Höre ich deinen Ruf,
horche ich sinnend ihm zu.
Was an Gutem ich hab,
gabst mir du auf den Weg -
und wo immer ich geh,
schöpfe ich Kraft aus dir.
Tal du glückhafter Jugend,
tröstende Zuflucht und Schild:
Immer trag ich im Herzen
unvergänglich dein Bild.

Josef Schneider

Gruß an Jauernig

Hoch über Fluren und Auen,
so weit ich am Himmel seh',
da ziehen die Wolken im Blauen,
wie weiße Schwäne im See.

Sie kamen aus fernen Ländern,
sie flogen wohl über den Rhein;
sie wandern mit silbernen Rändern
nun in die Weite hinein.

Ihr schimmernden Wolkenschiffe!
Fahrt hin bis zum Himmelsrand,
und grüßt mir dort in der Tiefe
das wipfelrauschende Land!

O grüßt mir die blauen Wälder,
das Schloß und das Städtchen im Tal,
das Fächergebreite der Felder,
die Heimat vieltausendmal!

Josef Latzel

Karlsbrunn

Weit drinnen im Gebirge,
im Tal tief eingeschmiegt,
ganz einsam und versonnen
das schöne Karlsbrunn liegt.

Es träumt so still verborgen,
die Sonne golden glänzt,
von immergrünen Wäldern,
mit denen es bekränzt.

Wie eine Königstochter
schläft in verwunschner Pracht,
so liegt es treu behütet
von hoher Berge Wacht.

Man meint, es ruht ein Zauber
hier über diesem Ort,
der hält, wen er erfaßte,
und läßt ihn nicht mehr fort.

Es plätschern rings die Bäche,
die Fichten duftend stehn.
Karlsbrunn, ich muß dich preisen:
wie bist du doch so schön!

Albert Sauer

Krummwasser

Dorf im Bezirk Mährisch-Schönberg

Da steht es noch, das schlichte Vaterhaus,
umrauscht vom altvertrauten Lindenbaum,
und so wie einst wogt noch bei Windgebraus
das reife Korn im letzten Sommertraum.

Der Feldrain ist ganz bunt vor lauter Blühen,
vergessen ruht ein Pflug im hohen Gras;
ein Bienlein summt, und wie Rubinen glühen
vom Sonnenschein die Fenster dort aus Glas.

Du stiller Dorfweg, den ich einst gegangen,
du Heimatberg, wo ich zu Hause war!
Ich seh' euch noch trotz all den vielen langen
verwehrten Jahren unvergeßlich klar.

Hier klang mein Kinderlachen in die Stunde,
hier ging ich fröhlich an der Mutter Hand.
Und hier sah ich noch einmal in die Runde
beim bittren Abschied vom geliebten Land.

Josef Olbrich

An Lindewiese

Wie oft weilt' ich zu lieber Rast
in deinem stillen Tale,
du, Lindewiese, trautes Dorf,
viel hundert, hundert Male.

Wenn in den Gärten sommerlich
die Rosen purpurn glühten,
und wenn im ersten Sonnenglanz
die blauen Veilchen blühten.

Wenn wie ein bunter Teppich war
das Laub bei seinem Sterben,
wenn weiß und schimmernd lag der Schnee
ringsum auf allen Bergen.

Wie war's auf deinen Hängen schön,
in deinen kühlen Gründen;
du, Lindewiese, trautes Dorf,
nie werd' ich Schönres finden.

Albert Sauer

Mein Lieblingsplätzchen

(Lindewiese)

Stilles Plätzchen auf der Höh',
wo so gern ich raste,
Berg und Tal bewundernd seh',
ferne vom Gehaste.
Ferne von der schwülen Luft,
die das Niedre füllet,
schenkst du süßen Waldesduft,
der die Sehnsucht stillet.

Während kühler Schatten hier
schützt vor Sonnengluten,
liegen Berg und Täler schier
in der Sonne Fluten.
Und ein Mosaik zu Fuß,
reich an Farbentönen,
schafft dem Auge Hochgenuß
durch die Macht des Schönen.

Doch was mich zuhöchst beglückt
bei dem Niederschauen:
Diese Welt, die so entzückt,
das sind Heimatauen!
Durch den Fleiß der Väterhand
wurden sie gesegnet;
Erbgut bist du, Heimatland,
was dir auch begegnet!

Karl Kristen

An Mährisch-Altstadt

Sei mir gegrüßt, mein Städtchen,
im grünen Graupatal!
Dir gilt mein frohes Singen,
ich grüß' dich tausendmal.

Gleich einem schmucken Bräutchen
prangst du in duft'ger Au.
Gewalt'ge Bergesriesen
stehn rings in stolzer Schau.

Und heimlich Waldesrauschen
umbraust dich fern und nah,
ein traulicheres Plätzchen
ich nirgends wiedersah.

Ich sah der Lande viele,
auch Städte groß und reich;
doch keine hier auf Erden
kommt dir, mein Städtchen, gleich.

Dort bei der großen Buche
am grünen Waldessaum,
da träumt' ich flotter Bursche
der Liebe ersten Traum.

Und wenn der Sommer nahet,
im Tal die Rose blüht,
mein Herz in heißer Liebe
so wunderlich erglüht.

Da öffnest du die Arme,
ich küsse deinen Mund;
die grauen Schatten schwinden,
das Herze wird gesund.

Halt treue Wacht, lieb Städtchen,
den Bergesriesen gleich,
und träume süße Träume
im grünen Märchenreich.

Sei mir gegrüßt, mein Städtchen,
im grünen Graupatal!
Dir gilt mein frohes Singen,
ich grüß' dich tausendmal.

Johann Mach

Liebe alte, kleine Stadt

Liebe alte, kleine Stadt,
wundersam, doch schlicht.
Wer dich je gesehen hat,
der vergißt dich nicht.

So ist auch dein Bild in mir,
wie's dereinst schon war.
Bin ich auch gar ferne dir,
hell strahlt es und klar.

Dieses ist mir Zuversicht
und ein lichter Schein:
Was jetzt inneres Gesicht,
wird einst wirklich sein.

Es wird sein und dauert's lang,
klopft das Herz auch schwer.
Über allem Wehmutsklang
schwingt doch Wiederkehr.

Herbert Gröger

Mährisch-Schönberg

Wer kennt den ersten müden Fuß,
der fremd einst deinen Grund betreten?
Wer murmelte hier ersten Gruß,
sank hin zu dankerfülltem Beten?
Umsonst versucht das Ohr zu lauschen,
was einst dein erstes Leben war.
Nur dumpfes, altes Wipfelrauschen
klingt auf aus einem fernen Jahr.

Du weißt, verschwiegen noch zu sein
und dein Geheimnis wohl zu hüten.
Viel schöner leuchten dann an Rain
und Busch und Baum die ersten Blüten.
Was stillen Rodern hier gelungen,
lenkt froh sich in des Lebens Bahn.
Die rauhe Wildnis ist bezwungen,
stolz wächst der Ort zur Stadt heran.

Von alledem, was hier geschafft,
zeugt heut in dir noch jede Mauer.
Es war des deutschen Bürgers Kraft,
sie schuf ein schönes Werk von Dauer.
Und nützen heute fremde Hände,
was deutscher Fleiß hier aufgebaut,
es wohnt hoch über dem Gelände
ein Gott, der richtend niederschaut.

Albert Rotter

Mei Schenberg, mei Heimat!

Wenn ich ebern Kronz nauf geh
und oben dann a Weile steh
und auf mei Schenberg nunda schaa
und ebers Land und water aa,
do pomperts Herz ei meiner Brost:
Scha, wos da für a schene Heimat host!

Des Staadtle es nie gor zu groß,
a scheene Kirch, a aldes Schloß,
ne Schillerpark, ne Birgerwold
und emadem och Berg und Wold.
Und drinn a guder, deutscher Menschenschlog,
dos is de Welt, zu der ich Heimat sog!

Verfasser unbekannt

Mährisch-Schönberg - die Perle der Sudeten

Am Hange der Sudeten, inmitten grüner Au'n,
umkränzt von Wald und Bergen, gar lieblich anzuschaun,
dort liegst du, trautes Städtchen, im fernen Heimatland,
die "Perle der Sudeten", so hat man dich genannt!

Zwei schlanke Türme grüßten von weitem schon mir zu,
wenn ich im Waldesschatten gesäumt zu stiller Ruh.
In deinen lieben Gassen umfing mich Freud und Leid,
dort klangen meine Lieder in froher Jugendzeit.

Ich denke in der Fremde wohl jeden Tag zurück,
daß mir in deinen Mauern erblühte manches Glück.
Ich höre deine Wälder, sie rauschen sehnsuchtsbang,
und träume von der Heimat oft bange Nächte lang.

Du liebe deutsche Heimat, drückt dich jetzt Slawenjoch,
so kommt für dich die Freiheit wohl eines Tages doch.
Dann kehr ich dorthin wieder, wo meine Wiege stand,
zur "Perle der Sudeten", zu dir, Sudetenland!

Emil Winkler

Mährisch-Schönberg

Du Stadt an des Gebirges Fuße,
noch immer fesselt mich dein Bild,
das fernher wie mit stillem Gruße
jetzt der Erinnerung entquillt.

Ich rätsle nicht mehr voll Verlangen,
was mich an dir gefangen hält.
Ich hab' mich froh in dir ergangen,
du warst mir meine schöne Welt.

Als Gast in deinen lieben Gassen
hab' alles Schöne ich bestaunt
und suchte heimlich das zu fassen,
was mir der Wind dort zugeraunt.

Und brandete um deinen Mauern
auch rauh der wilde Sturm der Zeit,
du warst, was immer auch mocht' lauern,
ein Hort mir der Geborgenheit.

Drum strahlt auch etwas von dem Frieden
noch jetzt in meinen Tag hinein,
und das, ich weiß es, wird hienieden
so bis zu meinem Ende sein.

Albert Rotter

Heimatlied Petersdorf

(Gemeint ist Petersdorf im Bezirk Freiwaldau. Weitere Orte gleichen Namens im Altvaterland liegen bei Mährisch-Schönberg, Jägerndorf und Sternberg.)

Tief eim Tole zweschra Barga
liegt mei schiene griene Hämt:
griena Wiesa, griena Fälda
von grien Pescha eigesämt.

Refrain:
Dich, mei Derfla, lieb' ich innig,
weil mei Hatze schlet noch worm;
on ich wa dich nie vergassa,
dich, mei Derfla, klän on orm.

On die Bächla, klor on helle,
sprenga flenk dam Tole zu;
on die Vegala tun senga:
Hämt, mei Hämt, wie schien bist du!

Refrain:
Dich, mei Derfla,. . .

Best eis Hatze mir gewachsa,
Spetzbarg, du, ich muß dirsch sän,
host viel Fräda on viel Kommer
wie a Freind mit mir geträn.

Refrain:
Dich, mei Derfla,. . .

On die Leit vom ala Schlage
hon en treia deutscha Sinn,
halda olle fest zum Derfla,
Doß sol olla recht gut giehn.

Refrain:
Dich, mei Derfla,. . .

Ei dä Fremde docht ich ofte,
och wie schien is iberoll;
doch om schinsta is derhäme
ei mem schiena Hämettol.

Refrain:
Dich, mei Derfla,. . .

Is dä schiene Tram zu Ende,
grobt mich och derhäme ei;
bei men Barga, bei mem Derfla
will ich ei a Himmel nei.

Schluß:
Dich, mei Derfla, liebt ich innig,
weil mei Hatze schlug noch worm.
Tu a du mich nie vergassa,
du, mei Derfla, klän on orm.

Verfasser unbekannt

Reihwiesen

Bezirk Freiwaldau

Weit weg von dem Getriebe
der Welt mit ihrem Streit,
da liegt ein trautes Dörfchen
in stiller Einsamkeit.

Hoch oben in den Bergen,
da liegt es hingestreckt;
der Wälder dunkle Fichten,
die halten es versteckt.

Inmitten steht das Kirchlein,
der Turm zum Himmel sieht,
und zwischen kleinen Häusern
die Straße ruhig zieht.

Ganz dicht gedrängt ans Dörfchen,
reihn Wiesen sich entlang,
gleichwie aus heller Seide
ein lichtes, grünes Band.

Und auf den Wiesen blüht es
lieblich zur Sommerszeit,
und in den Wintermonden,
dann sind sie tief verschneit.

Albert Sauer

Reihwiesen

Pfostenwege führen
dich zum Sühnteich hin,
und man glaubt zu spüren
seines Namens Sinn.

Hier war's, wo Gott strafte
eine reiche Stadt
und das Sagenhafte -
Wirklichkeitswert hat.

Ernst blickt man zum Grunde,
hört des Glöckleins Klang,
das in düstrer Stunde
mit dem Ort versank.

Und man geht dann weiter:
Pracht, wohin man blickt;
wird nur zögernd heiter -,
ist noch lang bedrückt!

Leopold Patzelt

Die Totenwacht im Heimatland

Spieglitz unterm Schneeberg

Verlassen ist die kleine Welt,
in der mein Dörfchen liegt,
das sich, von Bergen rings umstellt,
ins Tal gar innig schmiegt.

Durchs Vaterhaus im Heimatort
jetzt frei die Winde gehn.
Vorm Haus der Kirschbaum ist verdorrt;
rings leere Höfe stehn

mit halb zerbrochnem, morschem Tor,
das schaurig ächzt im Wind.
Drum kreist der Raben schwarzer Chor,
des Todes Hofgesind.

Am Friedhof schief die Kreuze stehn,
das Käuzchen schreit bei Nacht.
Wo nirgends mehr Lebend'ge gehn,
die Toten halten Wacht.

Geduldig warten sie der Stund',
bis wieder frei das Land,
und wieder deutsch spricht jeder Mund
im schönen Heimatland.

Hans Moser

Stadt-Liebauer Heimatlied

Kennt ihr die Stadt, die unsre deutsche Heimat ist,
darin die guten Eltern wohnen?
Wo freundlich lächelnd uns der grüne Wald begrüßt,
wo's Heldendenkmal Heimattreue will belohnen?
Kennt ihr die Stadt, wo deutsche Mütter walten,
den Pfad uns führend hin zu sittlichem Gedeihn?
Oh, mög' der Herr die Braven uns erhalten!
Wir wollen ewig ihnen unsre Liebe weihn!

Kennt ihr die Stadt, wo Volkes Fleiß gar rüstig schafft,
vom Gotteshause stolz der Turm zum blauen Himmel ragt?
Hier wohnt ein Volk von harter deutscher Kraft,
der Heimat treu und selbst in Not noch unverzagt.
Kennt ihr die Stadt mit ihrer hehren Bildungsstätt',
die stolz auf segensreiche Lenze rückwärts schaut?
Fürwahr, ich zweifle nicht und wett',
daß ihr das höchste Gut ihr gläubig anvertraut.

Das ist Stadt-Liebau, glaubt es mir,
für das mein Herz gar warm erglüht;
und sollt' ich loben auch noch andrer Städte Zier,
nach Haus, nach Haus mein Herz mich immer zieht.
O du mein Liebau, deutsch und bieder,
vernimm den Treuschwur heut von mir,
laß künden mich durch Wort und Lieder:
Daheim, daheim bin ich allein bei dir;
daheim, daheim bin ich allein bei dir!

Josef Jarmer

Ramsauer Gruß

Von tosenden Wassern,
von grünender Au,
von ragenden Bergen
grüß euch Ramsau!

A. Grudert

Mei Heimat

Sternberg

Wenn ich su iban Kijus gie
un donn vatraamt am Kipple stie
un su aufs Staadtle nunda schaa,
weit ibas Lond un weita aa,
do pumpat's Herz ei meina Brust:
Schaa, wos d' fia scheene Heimat hust.

No, 's Staadtle is nie gor su grouß;
a scheene Kirch, a oldes Schlouß,
un Gaßlen, Platzlen, Winkl, Haisa holt
un im un dim die Berg un nix wie Wold
un drinne guda deitscha Menschnschlog -
dos is die Welt, zu der ich Heimat sog.

Otto Demel

Troppau

Troppau, Stadt am Oppaflüßchen,
österreich-schlesisch kleines Wien,
laß mich heute nur ein bißchen
in Gedanken heimwärts ziehn.

Heut noch kenn' ich alle Gassen
und den Platz vorm Schmetterhaus,
zog ich doch von deinen Straßen
einst in diese Welt hinaus.

Heut noch fühl' ich, wie mein Vater
mich geführt an seiner Hand
erstmals hin in dein Theater;
und ich war im Wunderland.

Park und Blumen, traute Plätze!
Ins Museum durft' ich gehn,
mit dem Lehrer deine Schätze
längst verfloßner Zeiten sehn.

In der Kirche, am Altare,
einst geweiht dem Heil'gen Geist,
fleht' ich, daß mich Gott bewahre
und den rechten Weg mir weist.

Troppau einst. . . Nur in Gedanken
kann ich zu dir heimwärts ziehn.
Und so grüß' ich dich aus Franken,
wo ich nun zu Hause bin.

Ewald Jahn

Heimweh um Weidenau

Umsäumt von dunklen Wäldern
auf märchengrüner Au,
bekränzt von bunten Feldern
liegst du, mein Weidenau!
Hier wurde ich geboren,
hier spielte ich als Kind. -
Im fremden Land verloren,
bleib' ich dir treu gesinnt.
Mich halten liebe Dinge,
wie ich sie hier nicht fand,
als wär' mit goldnem Ringe
ich fest an dich gebannt.
Der muntern Vöglein Lieder,
den Bach, der leise rauscht,
die hör' ich immer wieder -
so gern hab' ich gelauscht.
Ich glaub', mein Blick erschauet
ostwärts Altvaters Höhn. . .
Der Himmel drüber blauet:
Heimat, wie warst du schön!

Raimund Schubert

Erinnerung an Weidenau

Ich sehe ein Städtlein am Weidenbach,
seh' efeuumrankt manch altes Dach
und blühende Blumen am Fensterbord,
gepflegt von den liebsten der Blumen im Ort.
O Jugenderinnern! In sonnigem Schein
steht auf mit den Blumen manch hold Mägdelein.

Ich sehe das Städtlein als Wissensborn,
wo Muse erquicket aus vollem Horn
die dürstenden Jünger in ernster Stund;
doch kreiset auch Nektar in fröhlicher Rund.
O Jugenderinnern! Umflort ist mein Blick,
die Musen längst scheuchte ein widrig Geschick.

Ich sehe, noch tauig, im Frühsonnenglanz
des Städtleins umflochtenen grünen Kranz;
es perlt in der Aue, die Ähre schäumt,
den Waldrand ein schimmernder Nebelstreif säumt.
Dann: jauchzende Wonne! Mit schmetterndem Klang
steigt hoch eine Lerche beim Morgengesang.

Manch Jahr ist verronnen, mein Haar erblaßt,
verblichen schon viele zur ew'gen Rast;
doch lächelt das Örtlein der Jugendfreud'
ins Träumen noch immer trotz traurigster Zeit.
Ich grüße dich, Städtlein vom Heimatgau,
im Wappen die Weide auf grünender Au!

Hans Heller

Wiedergrüner Heimatlied

Westwärts, wo die Sonne schwindet
gegen das Gebirge hin,
hinter dem sie Ruhe findet,
liegt das Dörfchen Wiedergrün.

Wiedergrün, von Wald umschlungen
und von stillen Höhn umragt;
dir sei dieses Lied gesungen,
dir sei all mein Leid geklagt.

Wiedergrün, das traute Dörfchen,
wo Gebirgeslüfte wehn,
wo die Welt noch unverdorben,
und wohin ich stets mich sehn'.

Dort, wo ich so traute Stunden
hab' verlebt in frischer Luft,
wo ich Labung hab' gefunden
für den Gram in meiner Brust.

Trautes Dörfchen, das so friedlich
sich an grüne Berge schmiegt
und auf grünen, saft'gen Wiesen
einsam hingebettet liegt.

Örtchen, traut und still verborgen,
dir send' ich oft Grüße zu;
denn in deinen grünen Bergen
liegt verborgen meine Ruh.

Verfasser unbekannt

In Würbenthal

Hier oben auf dem Platze
wohl nie ein Wandel war,
als hätten sie geschlafen
die letzten hundert Jahr'.

Die Häuser ringsum träumen
von guter, alter Zeit;
inmitten steht die Kirche,
und alles ist verschneit.

Dort eine Tür sich öffnet,
beim Wachszieher es schellt,
im Fenster liegen Kerzen
und duftender Lebzelt.

Die Kinder gehn in Mänteln,
es ist so rauh und kalt;
doch ihre Augen strahlen,
denn Weihnacht ist es bald.

Der Abend neigt sich nieder,
ganz sacht und leis es schneit.
Die Berge stehn und schweigen,
und still ist's weit und breit.

Albert Sauer

Würbenthaler Heimatlied

Würbenthal, mein Heimatstädtchen,
liegst so schön im Schlesierland;
von den Bergen rings umgeben,
zieht sich hin der Oppa Band.
Von des Hohenberges Höhen
sieht man Dörfer wohlbekannt,
die so schmuck im Tal gelegen
und wohl auch am Waldesrand.

Würbenthal, ein deutsches Städtchen
im einst deutschen Heimatland,
allzeit sind wir dir verbunden,
stets in Treue zugewandt.
Du an Schönheit reiches Kleinod
konnt'st fürwahr nicht feiner sein.
Die Natur hat reich gegeben
so viel Schönheit dir allein.

Oft im Traum hör' ich die Glocken
unsrer Kirche - fern von hier,
und die Sehnsucht nach der Heimat
weckt aufs neu die Lieb' zu ihr.
Auch im Geist seh' ich die Menschen,
die daheim einst glücklich war'n.

"Treu der Heimat" gilt noch heute,
auch nach all den vielen Jahr'n.

Denk' ich öfters an das Städtchen,
wo die Ahnen friedlich ruhn,
frag' ich oft: Was kannst du heute
für die Heimat wohl noch tun?
Die Erinnrung wachzuhalten
und zu mahnen: Kein Verzicht,
daß die Heimat unser werde;
auch für uns wird wieder Licht!

Refrain (nach jeder Strophe):
Würbenthal, mein Heimatstädtchen,
nie wirst du vergessen sein!

Eckart Kreuzer

Zuckmantel

Wie schön bist du zu schauen,
du Städtchen lieb und traut,
wenn über deinem Tale
der weite Himmel blaut.

Gleich einer Königskrone
aus Gold und Edelstein
steht da im Glanz der Sonne
des Gotteshauses Schrein.

Hoch ragt die Bischofskoppe,
das Rochuskirchlein grüßt,
und wie ein grüner Mantel
der Wald dich rings umschließt.

Still ist es in den Lüften,
die Aveglocke klingt,
hoch im Gezweig der Fichten
ein Vöglein leise singt.

Es ist wie sel'ger Friede,
der über allem liegt,
so wie ein Gruß vom Himmel,
gleich einem schönen Lied.

Albert Sauer

C
Einzelne Objekte

Der Turm

Festspruch zur Eröffnung des Altvaterturmes
nach seiner Restaurierung am 9. September 1934

Nun ragst du empor, erhabenes Zeichen,
nie hat dich die Sehnsucht so mächtig geglaubt!
Sinnbild uns allen, den Armen und Reichen,
bist du die Krone auf Bergkönigs Haupt,
bist du im weiten Weltengetriebe
Markstein dem Wanderer, der dich erspäht,
bist du der Turm unsrer Hoffnung und Liebe,
bist du das Amen im Bergwaldgebet.
Bist du aus mächtigen Felsen gegossen,
Winde zu Vettern und Wolken zum Tanz.
Steinerne Blüte, die jäh sich erschlossen
wartender Wälder rauschendem Kranz!
Turm du der Sehnsucht! Glüh auf überm Berge!
Leuchtendes Zeichen der Zeit, die erfüllt,
stehn deine Mauern ob allem Gezwerge,
ruhn deine Felsen, ein ehernes Bild!
Oh, daß sich Liebe im weiten Lande
türmen möchte, mein Turm, so wie du,
wachsen und werden im festen Gewande -
wetterumstoben dem Himmel zu!
Auf daß ein Volk, ein im Herzen versöhntes,
ragender Turm, auf der Höhe sich fand:
Segne dich Gott, du mein turmgekröntes,
herrliches Altvaterland!

Bruno Hanns Wittek

Altvaterturm

Der Wind heult
um dein grau Granitgemäuer
und reißt
die Nebelschwaden mitt' entzwei!
Gehn dich die Wetter an
wie Ungeheuer -,
du stehst wie felsgewachsen,
hoch und frei!

Jung glüht der Tag
in heller Sonnenwiege,
schenkt Wald und Bergen
morgenrotes Licht!
Du ragst ins Blau
wie eine Himmelsstiege,
Wahrzeichen du -,
wer kennt dich nicht!

Wenn rings um dich
der Dämmrung blaue Schatten
sich weit hinab
in Wälder, Täler ziehn,
schaust du besinnlich
über dunkle Matten
bis zu den fernsten
der Getreuen hin!

Olga Brauner

Der Altvaterturm

So, wie der Adler stolz in reinen Höhen schwebt,
ist es der Berg, der majestätisch dich erhebt,
daß du um dich herum die grünen Wälder,
im weiten Land die Wiesen und die Felder
in Demut dir zu deinen Füßen liegen siehst,
daß hoheitsvoll du alle ringsum weithin grüßt.

Zur Krönung einer reichen Bergwelt hehre Pracht,
hat man zu ihrem treuen Hüter dich gemacht
und, festgebaut auf dem granit'nen Grunde,
beherrschst du alles in der weiten Runde,
bist deinem Volk im Sturm zu Schutz und Schirme da,
heimatverwurzelt und doch stets dem Himmel nah.

Und sank in Trümmer selbst auch Heimat, Turm und
es zog dein Bild mit in die weite Welt hinaus, /Haus,
und überall, wo deine Kinder wohnen,
sieht man dich noch auf höchstem Berge thronen.
Wo dich die arbeitsame Hand einst hingestellt,
die windumbrauste Höhe, Turm, ist deine Welt.

Albert Rotter

Inschrift

auf dem Holzrelief in der Eh-
renhalle des Altvaterturmes

Oh Wanderer weile hier in kurzem Schweigen.
Du stehst nun mitten in dem Sagenreich,
wo Altvaters gütiger Geist zu allen Zeiten
gewaltet hat so göttergleich!

Folge still der edlen Menschen Wanderziel,
die vor uns gingen, den Weg zu roden;
die uns erschlossen ein himmlisch Bergidyll
auf lichten Höhen oben.

Gedankt sei allen für ihr Schaffen, für ihr Tun,
das tiefer Heimatliebe ist entsprungen;
ihr Geist soll in der Heimat-Ehrenhalle ruhn,
ihr Name niemals sei verklungen.

Uns heilig sei der Heimat Erbe,
all, was ihr Odem gab, Gestalt und Wert.
Daß immer uns erhalten werde:
Glaube, Heimat, Volk und Herd.

Verfasser unbekannt

Aufstieg zum Altvater

Steiget, steiget!
Alle Kraft und Weisheit liegt
nun in unsern Wanderfüßen.
Nur wer sich enthebt der Zeit,
der verspürt Unendlichkeit
und der Berge hohes Grüßen.

Zeiget, zeiget
euch der Erdenfreiheit wert,
und ihr Hauch wird euch berühren.
Nicht erborgter Glanz im Tal,
nur der Sonne Feuermal
und der Berge hohes Grüßen.

Schweiget, schweiget
vor der Größe dieser Welt,
die da wohnt in jedem Wipfel.
Was im Tal kein Auge sah,
rückt und redet atemnah
von dem Gott der Bergesgipfel.

Neiget, neiget
vor dem Höchsten Herz und Haupt,
ihm gebührt, sein Lob zu singen.
Nie löscht er die Sehnsucht aus,
und wir wandern froh nach Haus,
wo die ew'gen Quellen springen.

Hans Niekrawietz

Spruch

(An der Mauer des Liechtenstein-Schutzhauses auf dem Spieglitzer Schneeberg)

Dem Wetter zur Wehr,
unseren Bergen zur Ehr',
dem Sturmwind zum Trutz,
dem Wandrer zum Schutz!

Giebelspruch

am Neuen Wirtshaus in Römerstadt

Wir haben gebaut nach unserm Sinn,
schau dir's an und geh dahin.
Wenn dir's aber nicht gefällt,
dann bau dir's besser für dein Geld.

Die alte Uhr

(Bad Karlsbrunn im Altvatergebirge)

Aus Giebelgebälk herab, aus braunem Schrein,
über duftendes Gras
klirrte wie Silber an klares Glas
der Schlag der Uhr.

Und heute noch scheint eines nur
mir Sommers Inbegriff zu sein:
Von bunten Beeten lichtflirrende Wege umsäumt -
Rosen, Reseda und Heliotrop. - In ihres Atems Spur,
in die Schwüle, in lauschende Stille, verträumt,
durch leuchtenden Frieden weit - - -
ruft silberglockenhell die alte Uhr.

Ein froh vergänglich Spiel
über den schweigenden Ernst der Ewigkeit!
In Kindertagen, vor langer, langer Zeit -
da hörte ich's und harrte - und es fiel
leidlos wie reine Perlen in Kristall
ein jeder kleine Augenblick hinein:
in einem unmeßbaren Lichtesschein
und ohne Ende in das Überall.

Hedwig Steiner

Altvater-Aufstieg

Im Tal, wo Mühlen rauschen, Hämmer klingen,
macht sich der Pfad gemächlich auf die Reise;
hangaufwärts zieht er sich, um sacht und leise
in immer dichtre Wälder einzudringen.

Sternblumen blühn, die goldnen Wasser springen
und murmeln ihre alte Märchenweise;
bemooste Felsgestalten stehn im Kreise,
wo Strauch und Farnkraut wuchernd sich umschlingen.

Aus dunklen Schluchten weht geheimes Grauen,
in Urweltschauern rauscht das Meer der Wipfel,
darüber düsterschwer die Nebel brauen. -

Da plötzlich reißt die Wolkenwand, - ein Zipfel
von blankem Himmel strahlt, - und hell im Blauen
schwebt lichtverklärt des Berges greiser Gipfel.

Walter Berger

Traum von der verlassenen Heimat

(Erinnerung an den Burgberg bei Jägerndorf)

Wie ich vor Jahr und Tag mit tausend andern
von Hause fort zur Fremde mußte wandern -
vertrieben alle, elend ausgestoßen:
so zog im Traum ich im unzählbar großen,
im Heer der Leidgefährten schwer und stumpf;
und bleiern lag's auf uns und quälte dumpf.

Nur das war anders, daß ich rückwärts ging,
so das Vermächtnis klarer Schau empfing:
Den Hügel sah ich über Felder steigen
und lichten Wald im Sommerwind sich neigen
und über weißgestuften Wallfahrtswegen
die Kirche stehn, ein lichter Gottessegen.

Und dann mit einem Mal: Vor frommer Schau
hob sich das Erdenbild ins Himmelsblau,
und standen nun zwei Kirchen leuchtend da!
Die eine irdisch fest, zum Greifen nah;
die zweite schwebte lichtdurchpulst im Duft -
durchatmet und verklärt von Sonnenluft.

Ich sah es still, dies rein erhobne Bild -
dies Lebensbild der Heimat, drauß es quillt
und unerschöpflich leuchtet, keimt und reift -
ein Bild, das liebreich frommer Dank umgreift.

Hedwig Steiner

Engelsberg

Ein Denkmal auf des Berges Hang,
aus Steinen einfach hochgemauert,
daß es die Stürme überdauert,
wenn Winternacht herniedersank.

Du lebst in diesem Mal aus Stein,
weil deine Melodien leben,
die uns so wunderbar erheben
wie Bergluft würzig, klar und rein.

Der Stein soll mahnen, das zu ehren,
was aufwärts führt, und dem zu wehren,
was, uns erniedrigend, zur Tiefe zieht.

Kann es denn schönre Stellen geben,
als so, dem Himmel nah, zu leben
in Duft und Sonne, wenn die Heide blüht!

Albert Rotter

Heimkehr

Alfredshütte im Altvatergebiet

Nordwestwind hebt den Nebel jäh bergan.
Auf festen Wechsels ehernem Geleise
naht rasch die Nacht dem Ziele ihrer Reise
und deckt der Skier scharfgeschnittne Bahn.

Hier drin ist's warm. Die Maus mit spitzem Zahn
nagt am Gebälk und pfeift dem Mäuslein leise.
Den kühlen Trank, die köstlich-warme Speise
bereitet mir die Wirtin nebenan.

Es tickt die Kuckucksuhr und ruft die Stunden,
Erinnrung spricht aus langverstummten Munden
von den vergangenen und beßren Zeiten.

Wohl dem, der, selber Helfer seiner Wunden,
durch Schnee und Dämmerung, in stillem Gleiten,
in solche süße Stille heimgefunden!

Wilfried von Proskowetz

Niedergrund bei Sternberg

Im Sommerabendfrieden, ach, wie warst du schön!
Tal meiner Träume, tief im Heimatland,
wenn von den waldumkränzten, sanften Höhn
die Sonne, zärtlich Abschied nehmend, schwand.

Im Grunde ging die Sägemühl' zur Ruh.
Nur leise schwoll empor des Baches Rauschen.
Kaum atmend schwig der Wald. Wie ich und du
sollt' er den Flöten seiner Drosseln lauschen.

Und stieg der volle Mond dann groß empor,
weiß leuchtete am Hang das Straßenband.
Ein ferner Wagen fuhr, und sacht verlor
sein Bimmelglöcklein sich hinaus ins Land.

Oft noch ein solcher Friede wandeln mag
vom Berg ins Tal hinab durch Blumenwiesen;
doch nimmer schlägt mein Herz so leichten Schlag,
um froh wie einst der Fülle zu genießen.

Karl Stief

Altes Flachslied

Wochs ok, wochs ok, mei liebr Flochs,
wochs su schien un schnell wie a Weid,
für die Mutter zu an schien Kleid.

Beste gewochsn su lang on schien,
wort mer schon mit Brechn un Radeln,
dos mr uns fülln können die Ladeln.

Du mei schiener Flochs, onser Helfer im Laben,
wir wollen's dir danken mit unsern Harzen,
weil dr Voter konn de Scholdn zohln, die schmarzen.

Verfasser unbekannt
(überliefert von Wilhelm Pösel)

Mein Bauernhaus

Am Berge steht mein Bauernhaus,
manch hart Geschlecht ging ein und aus.
  Der Giebel braun, das Dach aus Stroh,
  die niedre Stube licht und froh.

Und vor der Tür der Apfelbaum,
der schon durchrauscht der Väter Traum.
  Ein Taubenpaar beim Guckloch girrt,
  mein treues Weib die Kinder führt.

Und weile ich am fremden Ort,
nach Hause zieht's mich fort und fort.
  Mein Sehnen ohne Rast und Ruh
  strebt Tag und Nacht dem Hause zu.

Wohl ist's nur ärmlich, alt und klein;
doch 's ist ja meines Glückes Schrein.

Karl Hübl

Bauernstube

Geräumig, hell und sauber,
voll altem Hausgerät,
so unsre Bauernstube
vor meinem Auge steht.

Der Tisch im Herrgottswinkel,
die Bank entlang der Wand,
und Krug und Glas und Schüssel
so recht bequem zur Hand.

Die Uhr schlug laut die Stunden.
Bedächtig, ohne Hast
hielt hier, sich auszuruhen,
die Zeit gemächlich Rast.

Karl Hübl

Die alte Tracht

Uralt ist unsre Tracht:
des Mannes Schossenrock,
aus bestem Tuch gemacht,
voll Knöpf' - ein halbes Schock.

Das Samtleibchen der Frau,
der Rock mit Falten rund,
die Schürze schön genau,
und alles frisch und bunt.

So gehen sie dahin,
ein Bild der alten Zeit.
Die jungen Paare blühn,
der Heimat Herrlichkeit.

Karl Hübl

Weberstube

Beide Fenster schmal und klein:
Nur ein bißchen Sonnenschein
kann ins Stübchen langen.
In des armen Kindes Haar
aber liegt es wunderbar
ganz und gar gefangen.

Vater schafft. Das Schiffchen saust:
Nur der Arbeit harte Faust
mag den Kummer wenden.
Trotz der Sorgen und Beschwer
unermüdlich hin und her
fliegt es, zu vollenden.

Klappernd schafft er das Gestühl:
Schwesterchen liegt warm im Pfühl,
Traumland wirkt das Zeichen.
Draußen aber blüht die Welt,
Busch und Baum und Flur und Feld,
alles ohnegleichen. . .

Bruno Hanns Wittek

De Ulerschdorfr Eisnboahn

Ei Ulerschdorf de Eisnboahn,
dos is a machtig Wonder;
a Johr baun se ei Wenkelsdorf
un komma doch nie ronder.

Derweil do hot a Pauerschmon
of die Bohne gonz vergassen
un hot grod metten of den Flak
a Scheinla bauen lassen.

De Bohne muß grod metten durch,
's geht nimmermehr zun rechten,
der Paur muß beim Türla stien
beim Toge un ei Nächten.

Un wenn a Zügla kemmt ganz stad,
do muß ar'n Schlessel nahma,
muß aufsperrn 's Türla anglweit
un dorf sich gor nie schama.

Un wenn der Paur ei'm Wirtshaus setzt,
do muß dos Zügla worten,
bis ausgetronken 's Schnapsla is
un ausgespielt de Korten.

Verfasser unbekannt

Heilige Erde

Immer liebte ich dich,
heilige Erde,
vor deinem Blühen und Tod
schwieg meiner Tage Beschwerde.

Aber so ganz und tief
dich zu begreifen,
selig im Schauen zu sein,
Demut vorm Reifen,

das, Erde, du,
faß ich nun ganz,
wo um das Haupt mir schneit
des Alterns Glanz.

Schatten und Stürme sind
Stille und Ruh;
bin, Erde, Traum ins Licht
und ewig wie du.

Erwin Ott

Burg Friedeberg

(Bezirk Freiwaldau)

Einst der stolzen Ritter
machtvoll Eigentum,
glänzt in unsre Tage
einer alten Sage
längst entschwundner Ruhm.

Traum aus fernen Zeiten,
Turm und Zinn' und Wehr,
trotzt auf steilem Hügel,
wie ein altes Siegel,
sie von weitem her.

Bergfried, Wall und Graben:
ritterlicher Trutz!
Festgefügte Mauern
Zeiten überdauern,
einst erbaut zum Schutz.

Verfasser unbekannt

Auf der Goldkoppe

Auf steilem Hang bin ich emporgeklommen,
wie oftmals schon, wenn mir der Sinn benommen -
entflohn der Nied'rung düstrer Alltagsqual -
frei atme ich - und schau zurück ins Tal.
An Berges Fuß die Heimatstadt sich streckt,
und ringsumher der Berge Kranz sich reckt:
Von drüben grüßt die Hochschar freundlich her,
Altvater winkt aus blauem Wolkenmeer!
So hält mein Blick dich, Heimat, fest umfangen,
verweht ist meines Herzens trübes Bangen;
erfrischend streicht mir Waldesluft entgegen,
und aus der Ferne winkt dein Bild uns Segen.
So gibst du wieder Kraft uns für das Leben,
wie Mütter froh aus ihrem Born uns geben;
so bist du reichster Quell uns, Heimaterde -
und spendest Ruh mit gütiger Gebärde!
So bist du e w i g , Heimat, unvergänglich Land -
und wir sind ewig dein mit Herz und Hand;
so sind wir eins - und wenn wir einst vergangen,
soll uns dein Schoß für immer fest umfangen!

Hanspeter Smetaczek

Der Gräfenberg

Er hebt sein Haupt zum Himmel,
der stolze Gräfenberg,
und spricht von Vinzenz Prießnitz
und seinem großen Werk.

Der hat hier schlicht als Bauer
den Tieren abgeschaut,
was die Natur für Kräfte
zum Heilen aufgestaut.

Ein Reh, das kam zur Quelle,
es war ganz krank und wund,
und durch das kühle Wasser,
da wurde es gesund.

Jetzt dachte nach der Bauer
in seiner stillen Art,
und was er da erdachte,
war seine große Tat.

So ward der schlichte Bauer
als Arzt weithin bekannt,
und Kraft und Heilung suchend,
kam man aus jedem Land.

Es kamen Kardinäle
in ihrem Purpurkleid
und Könige, sie kamen,
viel Menschen voller Leid.

Der Gräfenberg steht sinnend,
er hat schon viel geschaut;
gleich einem weisen Lehrer
erhebt er stolz sein Haupt.

Albert Sauer

An den Gräfenberg

So sprach ich, als am ersten Morgen
ich dich im Sonnenlicht geschaut:
"Als Trutzwehr gegen Leid und Sorgen
hat Gott, der Herr, dich aufgebaut.
Hier, wo der Wald in sanften Wellen
von Berg zu Berg hinüberrauscht,
wo überm Moos der Sang der Quellen
geheime Zwietracht flüsternd tauscht;
hier, wo vom Tal das Grün der Weiten
sich langsam hebt zu stolzem Rund,
klingt dir wie Botschaft früher Zeiten
das Hoffnungswort: 'Du wirst gesund'."

So sprach ich, als wie dunkle Seide
der Schleier sank der letzten Nacht:
"Leb wohl, mein Gräfenberg! Ich scheide.
Du hast mich reich und froh gemacht.
Wie möcht' ich noch an manchen Tagen
durch Feld und Wald und Fluren gehn,
nichts wissen vom Sichmühn, Sichplagen,
nur fühlen: Welt, wie bist du schön!
Doch klingt das Wort 'Es ist gewesen'
wie leises Trauern durch den Sinn;
das andre Wort 'Du bist genesen'
ist Freude, Reichtum, Glück, Gewinn."

Rudolf Thein

's Holzmoacher-Heisle

Durt, wu die Barge mächtich groß
eis Landla nunda sahn,
durt steht bein Woald, wiet vu da Stroß,
a Heisle, winzig klan.
Es hot zwoar bloß a Schindeldoach,
die Wänd, die sein aus Holz,
doch woarm ei Winters Ungemoach.
Doas Heisle es mei Stolz.

Mei änzichs Stübla es blitzbloank,
doch hot oalls drinne Ploatz,
von Bett oa bis zur Ofenboank,
da Hund und a die Koatz.
Ein Bäudle draußen grunzt a Schwein,
ein Stoall do brummt a Kuh,
die Zieglan meckan zweschendrein,
da Gockel kräht dazu.

Fürn Fensta nest't a Schwoalbenpoar,
a Oamsel singt ein Woald,
und offn Birnebam da Stoar,
da trillert, doaß es schoallt.

Sträh ech a bißla Futter naus
zur Winterszeit ein Schnee,
do komme bis zun Zamm fürs Haus
die Haslan und die Reh.

Hoa mir a Weible eigetoan,
doas es so nett und rund,
und ech ben ihm a guda Moan,
goar kräftig und gesund.
Mei Wiegla steht noch offn Bodn,
mei Spelzeug ei da Truh;
ech ben schunt undarecht davon,
ech hols etz boald azu.

Die Arbet moacht mir goar ka Plog,
mir es ka Baam zu stoark,
mir scheint die Sunn oa jeden Toag,
ech kenn ka Not, ka Sorg.
Mech lockt ka Reichtum und ka Schoatz
aus meinen Bargen raus:
Durt, goanz bein Woald, do is mei Ploatz,
mei Hämet und mei Haus.

Adolf Irmler

Verfallenes Haus

Schwarze Vogelwolken fallen
in das leergebrannte Haus;
messerscharfe Vogelkrallen
schlagen Tür und Fenster aus.

Morsche Eichenbalken wanken
überm eingedrückten Tor.
Wilder Wein und Efeu ranken
sich bis an den First empor.

Jammernd heult durch die Kamine,
der zum Ofenloch fuhr ein;
seiner Grusel-Pantomime
stünde roter Feuerschein.

Alles Leben ist erloschen.
Die hier wohnten einst, sind tot.
Plutzer, Wankerl und Galoschen
übermalt von Vogelkot.

Sense, Pflug und Wagen rosten.
Keiner weiß mehr, was geschah.
Langsam stirbt im Staub der Pfosten
Caspar, Melchior, Balthasar.

Kurt Nedoma

Die Hohe Heide

Wie atmet stiller Friede
hier oben auf der Höh,
wie ist mein Herz so glücklich,
wenn, Heimat, ich dich seh'.

Hier oben kann ich schauen
weit in mein Heimatland;
hier oben kann ich greifen,
o Heimat, deine Hand.

Hier oben, da liegt offen,
Heimat, dein weites Herz,
hier oben sind vergessen
des Lebens Müh und Schmerz.

Hier oben ist's so wonnig;
man sieht die Wolken gehn.
Du grüne Hohe Heide,
wie bist du schön, ja schön!

Albert Sauer

Zur Einweihungsfeier am Heidebrünnel

Hoch ragst du - eine Augenweide
für alle Freunde der Natur -,
für jeden eine Herzensfreude,
der zu dir wallt auf Gottes Spur.

Auf deines Glöckleins mildem Läuten
der sel'ge Trost zu Tale schwebt,
daß in den gottvergeßnen Zeiten
hier sturmfest Lieb' und Glauben lebt.

Du Born des Trosts in stillen Leiden.
Du Labequell in Wüstenglut,
du Wunderbrünnlein auf der Heiden,
sei du befohlen Gottes Hut!

Heil unserm Heidebrünnlein!

Viktor Heeger

Am Heidebrünnel

Ich kenn' ein trautes Brünnelein
auf hohem Bergeshang.
Dort, Brüder, möcht' ich durstig sein
mein ganzes Leben lang.

Ein Kirchlein ragt daneben licht
ins Wolkenreich hinein,
und mancher Pilger, fromm und schlicht,
kehrt hier zur Andacht ein.

Des Brünnleins klarer Sprudelquell
heilt, was da schwach und krank;
dann tönt das Kirchenglöcklein hell
vom hohen Bergeshang.

Es steigt zur Höh ein Wandersmann,
zum Fels am Roten Berg,
preist über Berg' und Täler dann
des Schöpfers Wunderwerk.

Verfasser unbekannt

Das Heidebrünnel

Wer kannte nicht das Kirchlein
in unserm Heimatland,
das wie ein stiller Friede
hoch in den Bergen stand?

Es war für unsre Heimat
ein Zeichen und ein Hort,
ein Ziel für fromme Pilger,
ein heil'ger Gnadenort.

Das Bild der Schmerzensmutter
stand auf dem Hochaltar
und hat das Volk getröstet
durch viele, viele Jahr'.

Es kam die Zeit der Trübsal,
da man das Volk trieb fort.
Ganz einsam und verlassen
war jetzt der hehre Ort.

Und trauernd auf der Höhe
das Heidebrünnel stand,
bis es, vom Blitz getroffen,
in Schutt und Asche sank.

Albert Sauer

Heidebrünnl

Von der trauten Bergkapelle
ging ein Läuten in die Weite,
Silberklang der Wunderquelle
unsres Brünnleins von der Heide.

Quellen wie auch Bergkapellen
in der Heimat reich an Zahl;
doch das liebe Heidebrünnl
gab es nur ein einzig Mal!

Olga Brauner

Das Heidebrünnl

Dort, wo im Sturm die Wolken fliegen,
hoch oben wußten wir dich liegen,
und dorthin trug uns unser Fuß.
Dem Kirchlein an des Berges Halde,
verträumt hoch überm stillen Walde,
Maria, galt der fromme Gruß.

Dem Himmel nah, der Erd' verbunden,
so saßen wir in manchen Stunden
und sahen in das Land hinein.
Heut, da der Berge Pracht wir missen,
sehnen wir uns danach und wissen,
es wird nie mehr wie damals sein.

Albert Rotter

Die Heidelkoppe

Ich bin der Berggeist "Heidelung",
zwei Klafter an die Länge,
und hause auf der Heidelkopp'
in einer Felsenenge.
Von Bast und Moos mein Haar und Bart;
ich nehm' die Kost, ob fein, ob hart,
von hüben und von drüben.

Ich seh' von dieser Bergeshöh
ins ebne Talgelände;
es gibt kein Dorf, kein Städtelein,
das je mein Blick nie fände.
Die Augen aus Karfunkelstein
leuchten selbst durch die Nacht hinein
und gleichen glühenden Kohlen.

Bis Frankenstein und Münsterberg,
von Breslau bis Landecke;
von Glatz hin über Neiße weg
bis zur Dreikaiserecke.
Auch Gleiwitz, Beuthen, Patschkaus Au'n
kann ich mit meinem Blick erschaun,
Oppeln liegt mir zu Füßen.

Mein Schwager ist der Rübezahl,
der Altvater mein Neffe,
auch Gideon Timmling und Seehirt
ich alle Jahr' mal treffe;
zudem der Müller und sein Kind
mir mutterseits verwandt auch sind
und das Gespenst vom Brocken.

Doch pfeif' auf die Verwandtschaft ich!
Nenn' einen Freund mein eigen;
dem will ich mich in meiner Huld
und meiner Güte zeigen:
der Koppenwirt, mein Kamerad!
In froh'n wie schweren Stunden
haben wir in der Einsamkeit
uns brüderlich gefunden.

Wenn Sturm und Wetter wild umdräun
das Schutzhaus Heidelkoppe,
dann nehm' ich meinen Stock zur Hand,
zieh' an die Rindenjoppe
und geh' zum Freunde Koppenwirt,
der hat mein Leibgericht geschirrt:
Selchfleisch mit Kraut und Knödeln.

Mag's draußen wettern, regnen, schnein,
wir sitzen in der Ecke
und stoßen mit dem Humpen an
auf daß der Trunk uns schmecke;
dieweil im Tal durch dunkle Nacht
der Wächter seine Runde macht
mit Spieß, Horn und Laterne.

Bei Monden- oder Sternenschein
schlendern wir durch die Wälder,
durchschlürfen manchen Wiesenrain,
manch Steiglein durch die Felder.
Erst wenn das Morgenrot erwacht,
wünschen wir beid' uns gute Nacht,
ruhn aus dann in der Klause.

Rudolf Moche

Die Heidelkoppe

(im Jauerniger Ländchen)

Dort oben, Herrgott, möcht' ich hausen!
Ringsum das große Schweigen.
Nur über mir ein feines Sausen
in den Nadelzweigen.

Weithin seh' ich nur Wald und Wipfel
perlmutterblau verblassen;
und noch im Traum, ihr stolzen Gipfel,
kann ich von euch nicht lassen.

Josef Latzel

Johannesberg

(Schloß zu Jauernig)

Hang des Gebirgs, vor der Dämmerung,
sinkt in den blauenden Schatten.
Treu blinkt der Stern, dem jählings und jung
wir uns verschworen hatten.

Rot legt der Wein um das Steingesims
seine verwildernde Ranke.
Alterndes Schloß im Osten, vernimm's,
daß ich dir spät noch danke.

Gernot Ludwig

Johannesberg

(Schloß zu Jauernig)

Sooft der blanke Morgen
sein Sonnengold vergoß,
da blieb ein Stückchen hängen
dort oben an dem Schloß.

Es flammt und flirrt und flimmert
in seinen Fenstern all,
der Knauf des Turmes schimmert
im Morgensonnenstrahl.

Und steigt Frau Sonne höher
in ihrem blauen Haus,
legt sie aus ihrer Truhe
die Heimat prunkend aus.

Entschleiert Tal und Gründe,
der Wälder grünes Meer
und stellt der Berge Kuppen
duftblau darüber her.

Sie rollt der Fluren Teppich
fruchtschwer ins Land hinaus,
hängt auf den Hügelkronen
grünseidne Fahnen aus.

Zuletzt packt sie das Städtchen,
ihr größtes Prunkstück, aus,
reiht die barocknen Giebel
in Zeilen, Haus um Haus.

Und Park und Wald umrauschen
den allerliebsten Ort;
der Brunnen in der Mitte
plaudert in einem fort.

O Heimat, grüne Heimat,
wie warst du wunderschön!
Herrgott, laß mich dies Kleinod
noch einmal wiedersehn!

Josef Latzel

Unsere Heilquelle

(in Bad Ullersdorf)

Am Weg zur Schwefelquelle liegt die Nacht,
Glühwürmchen leuchten aus den Moosen,
und märchengleich, von Bäumen überdacht,
glühn tausend Rhododendron-Rosen!

Der volle Mond schwimmt in Unendlichkeiten,
gibt unsern Bergen schattenhafte Sicht.
Und in des dunklen Parkes Weiten,
des Heiles Stätten stehn im fahlen Licht!

Der Wunderquelle Rieseln muntre Weise
klang aus dem Farngeranke wie ein Ruf!
"Trinkt Euch gesund vom Kinde bis zum Greise
am Born, den Gottes Gnade schuf!"

Olga Brauner

Mährischer Dorffriedhof

An grünen Hügeln nicken schief und schwer
die morschen Kreuze aus verstrüppten Hecken,
die Mauer bröckelt hin, das Tor steht leer,
kein Laut mag die versonnte Stille wecken.

Die sanft hier ruhn am windverschlafnen Hang,
sind längst vermodert und vergessen.
Ein Grabspruch klagt: O ewig ist so lang! -
Verwehtes Weinen raunt in den Zypressen.

Otto Matzek

Dorfkirche zu Jauernig

Der kleine Turm hockt schmal am Schieferdach.
Aus steilem Giebel lugt des Fensters Blume.
Im niedern Kirchschiff, vor dem Heiligtume,
hängt eine rote Ampel flackernd wach.

Zum spitzen Bogen steigt der Pforte Stein.
Das Tor ist schwer von ehernen Beschlägen.
Uralter Hauch weht dir wie Eis entgegen:
Hier ruht der Ahnen moderndes Gebein.

Hier spricht die Erde, die von Vätern weiß,
die dieses Land gerodet und geackert,
die sich schier krumm geschunden und gerackert.
Hier ist der Grund getränkt mit Blut und Schweiß.

Gernot Ludwig

Die Heimatkirche

Du, Kirche, stehst in fernem Lande
als stummer Zeuge in der Zeit.
Es ziehn zu dir uns traute Bande
und wären wir auch noch so weit.

Viel Freud' vermochtest du zu geben,
und vielen gabst du innre Ruh.
Und dann kam Trost fürs ew'ge Leben,
schlug einer hier die Augen zu.

Ja selbst Verirrten, die dir grollten,
bliebst du in Liebe zugetan.
Auch wenn sie es nicht sehen wollten,
stand immer es in Gottes Plan.

Der Menschen Wollen ist verschieden,
oft schwanken sie im Zeitendrang;
ja, manche suchen ihren Frieden
getrennt von dir ein Leben lang.

Doch du wirst allezeit umfassen
der Menschen Freude, Schmerz und Leid,
sie führen durch des Lebens Gassen
in Liebe hin - zur Ewigkeit.

Hermann Heinisch

An Sternbergs Kirche und Schloß

Mahnmalen gleich steht beide ihr am Hange,
Wahrzeichen unsrer lieben Vaterstadt.
Drum ist mir auch um diese Stadt nicht bange,
solang sie euch als Protektoren hat.

Nie sollt ihr hoffnungslos mir sein und zage,
die ihr Geschichtssymbole seid und ward.
Pflegt die Erinnerung an jene schönen Tage
der unbeschwerten deutschen Wesensart!

Noch werdet ihr in vielen fernen Tagen
als Wahrheitszeichen auf dem Hange stehn,
um aller Zukunft stets zu offenbaren,
was euren Menschen hier dereinst geschehn.

F. A. Jett

Auf dem Kreuzberg

Ich hab' ein Plätzchen auf der Höh,
mein Kind, das sollst du wissen!
allwo ich stets zwei Himmel seh':
zu Häupten und zu Füßen.

Zu Häupten grüßt das Gotteshaus
jenseitige Naturen,
zu Füßen breiten herrlich aus
sich unsrer Heimat Fluren.

Drum bin ich voller Inbrunst hier
und dankbar im Gebete,
derweil ich heut, mein Kind, mit dir
dies Plätzchen froh betrete.

Erkennst du Gottes weise Macht
und seine Schöpfergüte?
So fleh mit mir, daß er die Pracht
der Heimat uns behüte!

Karl Kristen

Du letztes Korn daheim

War's gestern nicht, daß es im Blühen stand,
das junge Korn, vom Goldstaub überweht?
Ein leichter Wind ging durch das stille Land,
und ferne Glocken sangen ein Gebet.

Und heute neigt es sich in Demut tief,
der Ernte nah - und meine Seele fliegt
dem Lande zu, das sie im Traume rief,
das seines Pflügers schmerzlich wartend liegt.

Du letztes Korn daheim, das ich gesät,
schon wissend, daß ein andrer ernten geht.
Nicht Glocken, nein, du selber warst Gebet,
das heute noch durch meine Nächte weht.

Anna Lenzhofer

Drei Kreuze

Drei Kreuze ragen auf steilem Hang,
drei Kreuze, hoch über der Stadt.
Sie schläft nun so schwer, seit das Leben versank.
Was ihr blieb, sind die grauen drei Kreuze am Hang,
die ein Häscher vergessen hat.

Ihr brachet die Tafeln im blutigen Mai,
die Namen aus Eisen und Stein,
und rührte euch nicht der Gemarterten Schrei,
so schlagt auch die schweigenden Kreuze entzwei!
Soll Einer noch über euch sein?

Was frommt euer Tun? Nur die Steine vergehn,
und laßt ihr die Zeichen schwinden,
ihr werdet erst recht von den dämmernden Höhn
die grauen drei Kreuze ragen sehn
und nimmer den Frieden finden.

Fridolin Aichner

Krebsgrund

Alter Hof, gebräunt von vielen Wettern,
Wasser rinnt aus kühlem Brunnenrohr.
Aus der Säge kreischt der Sang von Brettern,
seine Klage heult noch an mein Ohr.

Nah dem Teich, wo grün die Frösche laichen,
tanzen Mücken überm morschen Boot,
lischt dein Lächeln, Heimat, ohnegleichen,
weht dein Weinen still ins Abendrot.

Gernot Ludwig

Die Oppa

Aus dunklem Gestein springt die silberne Quelle
und strebt in des Tages beglückende Helle.
Bald stürzt sie hinunter mit fröhlichem Schalle
und türmt sich zum glitzernden, sprühenden Falle;
dann aber verwandelt die heitere, wache
und lärmende Quelle sich munter zum Bache,
und noch an des Altvaters steinernem Fuße
vermehrt sich das schäumende Bächlein zum Flusse.
So haben die Wasser seit uralten Tagen
des Berges Geröll hin zur Oder getragen,
so werden sie noch in undenklichen Zeiten
die Wandrer herab vom Gebirge begleiten. -
Sie rinnt durch des Berglandes Täler einher
und rauscht mit der Oder hinaus in das Meer.

Franz Klein

Die Liechtensteinkapelle

Aus des Tales dunst'ger Enge
flieht das Herz zu reinen Höhn.
Losgelöst vom Erdgedränge
will es in den Himmel sehn.
Drum wohl bauten die Kapelle
sie dort an des Waldes Schwelle,
und mit mancher stillen Bitte
lenkt der Wandrer hin die Schritte.

Sinnend blickt er in die Runde,
über der der Himmel blaut.
Wie sich doch auf festem Grunde
lieblich hier die Heimat baut!
Nahe liegen, schier zum Greifen,
Spieglitz, Rumburg, Stubenseifen,
ferner dann in kleinen Gruppen
all der Berge lichte Kuppen.

Drin in Gottes Heiligtume
ist die Stille ganz zu Haus.
Brennt ein Kerzlein Ihm zum Ruhme,
strahlt es doppelt Frieden aus.
Wenn in Tränen, die geflossen,
sich der Gnade Strom ergossen,
wird die Seele wieder heiter,
und des Lebens Sicht wird weiter.

Was an Schmerz im Busen lebte,
es verliert hier an Gewicht,
und der wilde Sturm verebbte
in des Kirchleins Dämmerlicht.
Friedvoll kann der Pilger wandern
wieder heimwärts zu den andern,
weiß er doch ob dem Gelände
segnend Gottes Vaterhände.

Albert Rotter

Mei Mohratal

Urgraua Felsnwand, moosdunkler Tannabam,
selbernes Wellnband, lichtblauer Himmelstram -
das es mei Mohratal, mei Hämetgrond;
durt blüht mei junges Labn, bleit's Herz gesond.

Mäg's a noch anderschwu schener und besser sein,
lot mech drmet zuruh, mech wird mei Lieb nie reun.
Ech blei eim Mohratal, eim Hämetgrond;
durt blüht mei junges Labn, bleit's Herz gesond.

Mohra, sing furt dei Lied, rausch em de Felsnwand.
Das lieba Tal behüt, Herrgot, met starker Hand!
Los mech, hot mir geschlän ämol mei Stond,
schlofn eim Mohratal, eim Hämetgrond.

Gustav Willscher

Ölvater

bei Schubert-Neudorf (Nordmähren)

Auf luft'ger Höh im Heimatland
ein Bildnis Christi einsam stand.
Der Herr in Angst und Todesnot
am Ölberg sich zum Opfer bot.
Du, Mann, in deiner Ölbergnot
weißt, was den Menschen hier bedroht:
der steten Armut bittre Pein
und karger Boden, blanker Stein.

Im Kampf ums Leben, um das Brot,
in Qual, in Sehnsucht und im Tod
ringt er hier um das nackte Sein
und ist so oft mit sich allein.
Grab weiter, Bauer, bau dein Haus!
Einst trägt man dich daraus hinaus,
dann muß der Sohn den Kampf bestehn;
und so wird's immer weitergehn.

Es wird der Mensch davon erdrückt,
wenn er nicht hin zum Ölberg blickt,
zu dem, der tausend Ängste litt;
er nimmt auch deine Qualen mit.
Von Schicksalsschlägen tief verletzt,
hat es der Bauer hingesetzt:
Erinnrungsmal aus Not und Stein!
Ölvater soll sein Namen sein.

Der Wandrer, der vorübergeht,
verhält ein Weilchen im Gebet.
Und hoch im Baume singt der Wind,
der Berge allerliebstes Kind,
singt ein jahrhundertaltes Lied,
das heiß im Blut des Enkels glüht.
Horch! Hörst du den verhaltnen Schrei
in Schuberts süßer Melodei?

Albert Rotter

Auf der Ofenbank

Auf der Ofenbank
in der Abendzeit,
wenn die Stille schwang,
grau, wie zugeschneit -
auf der Ofenbank,
Mutter, ich und du,
und das Feuer sang,
und wir hörten zu.

Auf der Ofenbank
überm Feuerlicht,
wo der Schatten zwang
dein und mein Gesicht -
von der Ofenbank
in den Traum zu zweit,
in ein Glücksgerank
war es niemals weit.

Auf der Ofenbank,
ach, wann war es, du?
Mutter, lang, schon lang
schloß dein Herz sich zu.
Zu den Schatten sank,
was uns Trost beschert.
Heim zur Ofenbank
keiner wiederkehrt.

Friedrich Bischoff

Bei den Oppafällen

Die Felsen stehen hart und starr und schwer.
Der Wald, er atmet harzig satten Duft.
Gar still und warm schwebt ringsumher die Luft,
das Wasser rauscht gleich einem vollen Wehr.

Es stürzt sich von der Höhe wild hernieder,
und sprudelnd quirlt es auf in frischem Schäumen,
und munter stößt es vorwärts ohne Säumen;
es fließt dahin, und niemals kehrt es wieder.

Wie ist das Wasser klar und rein und schön!
Es ist, als könnte man zur Tiefe sehn,
dort, wo des Berggeists sagenreiche Schätze liegen.

Die Fichten stehen ringsumher und schweigen;
des Wassers Sang, er hängt in allen Zweigen,
als ob die Oppaelfen sich im Tanze wiegen.

Albert Sauer

Ostsudeten

Die Wasser rauschen Tag und Nacht
vom Roten Berg zum Bieletal.
Oh, Wäldertraum auf hoher Wacht,
noch hör' ich deinen Windchoral
und fühle deiner Stimme Macht:
Die Wasser rauschen Tag und Nacht
vom Roten Berg zum Bieletal.

Die Wasser und die Winde sind
Gespielen schon seit Anbeginn.
Das Märchen ist ihr liebstes Kind -
darüber wiegen her und hin
die Bäume sich im Sommerwind:
Die Wasser und die Winde sind
Gespielen schon seit Anbeginn.

Hier will ich mit im Spiele sein
als stiller Klang der Wälderwelt.
Was ist die Zeit? Ein schwerer Stein,
der sich dem Quell entgegenstellt.
Und doch wäscht er ihn blank und rein.
Hier will ich mit im Spiele sein
als stiller Klang der Zeit und Welt.

Hans Niekrawietz

Am Hohen Ruck
(Peterstein)

Aus der Heide breitem Rücken
ragt der "Hohe Ruck" zur Sonnen,
einem mächt'gen Felsentische
gleich, mit Flechten übersponnen.

Schroff und massig ragt er aufwärts,
wie getürmt von Riesenhänden!
Eisenhut und Anemonen
blühn empor an seinen Wänden.

Rings herum die gelben Trollen,
Enzian und Lattich sprießen -
Wald an Wald und Schlucht an Schluchten
schmiegen sich zu seinen Füßen.

Und im goldnen Rauch der Ferne
liegt das Land, wo Menschen wohnen -
einsam aber ragt der Riese
aus den wilden Anemonen!

Joseph Orel

Wälderrunde vom Rabenstein

(Ruine östl. Frankstadt bei Mähr.-Schönberg)

Du bist mein Land, o mein Sudetengau!
Und falkengleich schweb' ich ob deinen Wäldern,
und wiege mich im sanften Himmelsblau
in Heimatfreude über Ährenfeldern.

Ihr Edeltannen, schlank und dunkelgrün,
ihr schattet ernst, wie in mir die Gedanken.
Um eure weißen Säulenschäfte blühn
Erinn'rungen in blumenreichen Ranken.

Der Amsel Rufen wirbt und klingt und klagt
mir schmerzlich-süß gleich einer Zauberflöte
vom Föhrenwipfel. Flammenglühend ragt
er über alle in die Abendröte.

Versunken ist die Jugend und ihr Glück,
versunken sind die Väter zu den Ahnen.
Ein Schleier legt sich über meinen Blick,
und an mein Herz pocht leise ernstes Mahnen.

Die Lenze sah ich scheiden und die Säer,
lichtgrünes Wogen dann zum Goldgeviert erstarren;
die Ernten sah ich fallen und die Mäher
und Totenstille dann des Bahrtuchs harren.

Du bist mein Land, o mein Sudetengau!
Schwand letzter Glanz vom Kronreif deiner Wälder,
dann fall' ich tief hinab ins Abendgrau. . .
Du birgst mein Herz in einem deiner Felder.

Karl Stief

Rösselbaude

(Sie stand bei Waldeck
im Kreis Freiwaldau)

Birken und Brombeerschläge
hat schon der Frost übermannt.
Glitzerndes Netz am Wege,
das noch die Spinne sich spannt.

Fäden, die jäh umgarnen.
Pilze in schleimiger Haut.
Zwischen den kühlen Farnen
hat sich das Wasser gestaut.

Rieseln aus Quarz und Rinne.
Ehe der Born zerstiebt,
wirst du noch einmal inne,
was du geliebt.

Gernot Ludwig

Am Rochusberge

bei Zuckmantel

Rochusberg, Gelöbnisstätte,
Mahner einst'ger Pestgefahr,
heut, beraubt der Pilgerkette,
die umsäumt' dich jedes Jahr,
hörst du unser fernes Flehen,
daß wir immer zu dir stehen.

Rochuskirche, weiß getüncht,
mit dem runden Zwiebelturme,
sahst einst, wie dein Volk gelyncht,
wie es im Vertreibungssturme
hungernd sollte untergehen -
doch es blieb voll Mut bestehen.

Heil'ger Rochus, Schutzpatron,
falte deine guten Hände,
hilf, daß uns die Zeit verschon',
die die Pest noch gnädig fände,
leg vermittelnd deine Hand
auf den menschlichen Verstand!

Leopold Patzelt

Schloß Ullersdorf

Umrahmt von Eichen, Föhren, Lärchen,
ragt stolz ein Schloß aus alter Zeit;
es kommt mir in den Sinn ein Märchen
in dieser schönen Einsamkeit.
Es liegt vor mir ein herrlich Wunder,
so selig ist mir und so bang,
berauschend klingt es im Holunder,
es ist der Amsel süßer Sang.

Vom Walde hört man leises Rufen,
die Elfen sind's um Mitternacht;
es kommt das Reh auf leisen Hufen,
der Mond erglänzt in stiller Pracht!
Die Blüten ihre Köpfchen neigen,
die Nymphen steigen aus dem See
und singen in dem süßen Reigen
ein Lied voll sehnsuchtsvollem Weh.

Refrain:
Schloß Ullersdorf, mein Ideal,
vom Turm schau' träumend ich ins Land,
mir ist's, als reichte mir geheim
die Ahnfrau ihre weiße Hand.
Du segnest den, der dich erschaut
mit deinem Blick so mild und weich,
du bist so hold wie eine Braut;
du schenkst der Erde schon das Himmelreich.

Fritz Latzel

Schloß Ullersdorf

Was barg es doch für wundersame Schätze,
um die im Geist Erinnerungen schweben!
Im weiten Park verträumte Lieblingsplätze,
von Sonnengold und Immergrün umgeben!

Der Brunnen plätschert vor der Schloßkapelle,
die Sonnenuhr erzählt von alter Zeit;
die Bogengänge, nach der Sagen Quelle,
verweisen tief in die Vergangenheit.

Im Schloßteich spiegeln junge Frühlingsbuchen
vor dunklen Kronen altehrwürd'ger Bäume.
Althergewohnte Nestchen neu besuchen
die Schwalbenpärchen unterm Firstgesäume.

Als knorrig Zeichen der Altvaterhöhen
die große Fichte, hundertjährig, schaut
weithin ins Land, wo unsre Wege gehen
der Teß entlang, uns einstens so vertraut.

Vom Schloßturm tönt die frühe Morgenstunde;
verblassend schwinden Mondsichel und Nacht.
Der Kastellan geht mit dem Schlüsselbunde,
der stille Park vom Lerchensang erwacht.

Aus der Kapelle leises Präludieren.
Der Monsignore opfert Brot und Wein.
Und hundertstimmig Vögeljubilieren
fällt in das Gloria der Orgel ein.

Schloß Ullersdorf, dein Zauber unvergessen,
weck' deine Freunde aus dem Schlafe auf!
Du bist ein wahres Schatzkästlein gewesen,
ein weißer Meilenstein am Lebenslauf!

Olga Brauner

Schubert-Hof

unterm Spieglitzer Schneeberg

Es ist ein bescheidenes Bauernhaus,
das wir ehrfürchtig betreten;
es ist, wie so viele, eingestreut
am Bergrand der grünen Sudeten.

Ein biblisches Denkmal steht auf dem Hof,
dicht nebenan plätschert ein Bronnen,
beschirmend halten zwei Linden Wacht
und träumen besonnt und versonnen.

Es ist nur ein einfaches Bauernhaus,
doch blieb's für die Kunst erkoren:
in seinen bescheidenen Mauern ward
der Vater Franz Schuberts geboren.

Wilhelm Urban

Springbrunnen
in Bad Karlsbrunn

Ich war ein Kind, da stand ich vor dem Quell.
Ein Wunder schien es mir, aus Märchenfernen
in eine karge Welt hineingezaubert:

Die flache Schale lag im Tannenschatten;
inmitten klarer Flut stand eine Säule,
von Herzchen und Vergißmeinnicht umwunden.

Und über all den frischen Blüten hing
das Unbegreifliche: Mit stetem Schwall
ergoß des Springquells Fülle schimmernd sich
wie eine runde Glocke aus Kristall.

Im Becken sah ich, daß das Wasser fiel.
Doch oben ruhte es - wie Glas gewölbt -
und baute - ein süßes, sommerliches Spiel! -
für Herzchen und Vergißmeinnicht ein Haus,
durchsichtig, wie's im Märchenbuch gemalt. -
Es war einmal; die Jahre wurden alt.

Doch sommers oft hör' ich ein Wasser rinnen
und wende dann mein Schauen tief nach innen:
So sehe ich, wie damals, klar gewölbt
des Brunnens Glocke über Kinderkränzen;
die Tannen rauschen; Traum und Stille glänzen.

Hedwig Steiner

Den Baum, der in der Heimat
heil'gem Boden
bis ins Gestein die zähe Wurzel
schlug,
den wirft kein Sturm, der ist
nicht auszuroden,
wie tief auch schürfen mag der
Schicksalspflug.

Viktor Heeger

Mei Staritztoal

Mei Staritztoal, wie best du schien!
Zu dänn Barg'n zieht's mich hien.
Wu die Hochschoar ronder grißt,
ond der Bach dorchs Därfla flißt.

Wu die schmuck'n Haisla stiehn
ond die Blum' ein Gärtlan bliehn.
Wu vom Fels die Quelle sprengt,
ond die Oamsel obends sengt.

Staritztoal, mei Heimat du,
närgends fend ich meine Ruh.
Seifz' eim Tag wohl hundertmol:
"Heimat, schienis Staritztoal!"

Gerti Schmitz

Abend vorm Steinbruch

Noch klingen die Meißel von steinerner Wand
und senden den sinnigen Spruch ins Land:
"So hart wie der Stahl sei der Wille!"
In Gold dann vor Rosen die Sonne sich neigt,
der Abend aus schattigen Tälern steigt -
Zwei Liebende gehn durch die Stille. . .

Horch! Sprengschüsse fallen und hallen zurück
von Wänden und Wäldern, und Stück um Stück
gehn donnernd die Blöcke hernieder;
es rieseln Gestein und Geschiebe noch nach,
wo Menschenkraft Bahn durch die Felsen brach.
Und still wird's im Bruche dann wieder.

O Heimat! Aus all deiner Arbeit dringt,
was immer als Wunsch uns im Herzen klingt,
daß alles in Ehren so bliebe:
Zartfühlend im Glücke, doch hart in der Not
bewahr' das Gemüt uns als Erstgebot
das Lied von der Kraft und der Liebe.

Karl Schiebel

Der Sühneteich

bei Reihwiesen (Bezirk Freiwaldau)

Ganz abseits der Straße, hoch oben
in Altvaters bergigem Reich,
von uralten Sagen umwoben,
liegt einsam der Sühneteich.

Die Leute gar Seltsames künden
von einer versunkenen Stadt;
ja sogar von Frevel und Sünden,
vom Seehirt und seiner Tat.

Ganz still ist's am Teich wie in Grüften,
die Stimmung, ich weiß es nicht wie.
Wie Schwermut hängt es in den Lüften,
voll dunkler Melancholie.

Kein Vögelein singt in den Zweigen,
man sieht keinen Hirsch und kein Reh;
die Fichten die Wipfel stumm neigen,
und totenstill liegt der See.

Es ist gleichwie Leiden und Schmerzen,
was über dem Wasser dort liegt,
so wie es durch menschliche Herzen
in finsteren Nächten zieht.

Albert Sauer

Sonntagnachmittag

auf einem Teßtaler Bauernhof

Wie glänzt das Haus so einsam her!
Beim Tor die Linde duftet schwer.
Geräte ruhn in Reih und Glied.
Ein Pflugblech blinkt, doch matt und müd.
Kein Strohhalm auf der Erde liegt.
Gluckhenne in den Sand sich schmiegt.
Die Fensterblumen nicken stumm.
Beim Nußbaum döst der Ahne krumm.
Die Pfeife baumelt überm Bart.
Den Stall bewacht Sankt Leonhard.
Laufketten rasseln dann und wann
zur Tanzmusik vom Wiesenplan,
und Kegelkugeln rollen fern.
Der Bauer sitzt im "Goldnen Stern".
Zur Kirche humpelt mit dem Stock
die alte Magd im Seidenrock.
Berauscht vom Stall- und Heugeruch,
schreit' ich mit meinem liebsten Buch
zum Bienenhaus beim Apfelbaum. . .
Wie liegt die Welt so blau im Raum!
Wie schlummert fromm ihr lichter Hauch -
wie feiert meine Seele auch!
Nur dann und wann ein Stundenschlag
mahnt gütig an den künft'gen Tag.

Hubert Kluger

Im wilden Steingraben

Es gurgelt und rollt, und es wudelt
und fällt über zackig Gestein;
es rauscht und plätschert und sprudelt
zu Tale ein Bergwässerlein.

Auf hohen Wiesen und Matten
entspringt's als ein Rinnsal und fließt
frohmunter durch Rinnen und Schatten,
bis wild sich der Bergstrom ergießt.

Es plaudert von Felsen und Sonne,
von Kräutern und Blümelein bunt;
hell springt es und rauscht voller Wonne,
bis plötzlich - es schwindet im Grund.

Hoch ragen die Felsengebilde
erhaben und wundern sich stumm.
"Da seht ihr, der Tollhans, der wilde,
ist abgestürzt jetzt und kommt um."

Indessen ein heimliches Rauschen
im Felsenbett leise erklingt.
Was mag es wohl drunten erlauschen?
Wer weiß, welche Pracht es besingt!

Verfasser unbekannt

Teßtaler Heimatlied

Schönes Teßtal, rings umschlossen
von der Berge weitem Kranz,
liegst vor mir so lichtumflossen
in der Sonne hellem Glanz!

Traute Höhen in der Runde,
die ihr fernhin sanft verblaut
und so hehr zu dieser Stunde
in mein Tal herniederschaut!

Teure Heimat, laß dich preisen
aus des Herzens tiefstem Drang!
Mächtig tönen diese Weisen
und das ganze Tal entlang.

Hast du je dem süßen Sange
deines Heimattals gelauscht,
wenn vom fernen Felsenhange
stolz die Teß herniederrauscht?

Wenn die Axthieb' weithin schallen
und im Feld die Sense klingt,
wenn im Takt die Flegel fallen,
die ein fleiß'ger Arm dort schwingt?

Leise murmelnd ziehen Bäche,
Kühle atmend, durch den Hain.
Mir ist, als ob jeder spräche:
"Hier, nur hier wohnt Glück allein."

Durch den tiefen Waldesfrieden
klingt des Vögleins traulich Lied;
wohl kein Ort ist noch hienieden,
zu dem's mich so mächtig zieht.

Bei des Bächleins frohem Plauschen
und des Vögleins süßem Sang
läßt es sich so wonnig lauschen
all dem heimatlichen Klang.

Hörest du die Heimat singen,
dann stimm freudig mit mir ein!
Aus dem Herzen soll es klingen:
Hier nur kann ich glücklich sein!

J. Haage

Abend an der Teß

Eintönig rauscht die Welle,
als säng' sie zum Schlummer ein Lied;
rastend die blaue Libelle
verbirgt sich im säuselnden Ried.
Heiliges Ave der Glocken
trägt andächtig wehend der West,
zärtlich die Vögel sich locken
zu nächtlicher Ruhe ins Nest.

Dämmernd fallen die Schatten,
es naht nun die tröstende Nacht;
über den blumigen Matten
das Sternenheer funkelnd erwacht.
Blassend verglüht auch die Stelle,
wo sterbend die Sonne verschied;
eintönig rauscht nur die Welle,
als säng' sie zum Schlummer ein Lied.

Eugenie Padowetz

Morgen im Walde

Trag zum Walde deine Seele,
deine unberührte hin,
daß sie sich dem Duft vermähle
bei des Morgens Anbeginn.

Trink das Wunder jedes Baumes,
seiner Ruhe Heiligkeit;
fühl des jungen Erdentraumes
Glück, von nächt'gem Glanz geweiht.

Lasse die Gedanken fluten
durch die Stille der Natur,
und du spürst in Tagesgluten
einer Gottheit Walten nur.

Wie gesegnet sind die Stunden
deiner Arbeit, deiner Last,
wenn du früh dich so gefunden -
so dich überwunden hast.

Maria Stona

Gottgesegneter, winterschöner Wald

Kein Laut, der uns begegnet,
kein Schritt, der achtlos hallt;
nun hat dich Gott gesegnet,
du winterschöner Wald!

Nun bist du eingesponnen
in silberhelle Wehr:
Was auch die Welt gewonnen,
es kümmert dich nicht mehr.

Es stehen deine Bäume
gepanzert rund im Kreis;
sie träumen ihre Träume,
um die der Mensch nicht weiß.

O Wunder sondergleichen,
so märchenhaft und rein,
es soll in deinem Zeichen
der Tag gesegnet sein!

Bruno Hanns Wittek

Das Meiss-Stüberl

(Alte Weinstube in Mähr.-Schönberg)

Bei einem Wirt vom alten Schlag
bin ich so gern zu Gaste,
daß ich von Alltags Gift und Plag
hier sorgenledig raste.

Zu groß nicht und auch nicht zu klein
ist's Stüberl, urbehaglich;
ob Hausregent heut ist der Wein,
ob der Humor - ist fraglich.

Stets beiden offen steht das Tor:
dem reinen Saft der Reben
wie seinem Sprößling, dem Humor.
Sie sollen beide leben!

Und kommen Gäste sorgenschwer,
sie werden froh beim Weine.
Ihr Herz ist ledig der Beschwer,
doch seltener die Beine.

Der Wirt, der stets zu bieten weiß
Humor und Wein vom Besten,
heil ihm, dem biedern Vater Meiss,
und seinen lieben Gästen!

Viktor Heeger

Verlassen

Die Stadt ist so still und verlassen,
dunkel ist jedes Haus.
Ich geh' durch vertraute Gassen,
einst war ich ja hier zuhaus.

Hier trank ich als Kind am Brunnen,
der immer noch rinnt und rauscht;
hier hab' ich als junges Mädchen
des Leiermanns Weisen gelauscht.

Dort im Hof stand die alte Linde,
sie schlug und fällte ein Blitz,
aus ihrem weißen Holz hat
mein Bruder ein Kreuz geschnitzt.

Es hängt jetzt in meinem Zimmer,
in der Fremde, die unser Los;
ich seh', wenn das Kreuz ich betrachte,
noch immer die Linde im Hof.

Doch der Hof, dessen Sandsteinpflaster
ich so oft hatte sauber gefegt,
ist heute voller Gerümpel,
verkommen und ungepflegt.

Aus unseres Hauses Fenster
sah gestern ein fremdes Gesicht,
es blickt' mir voll Neugier entgegen,
doch ich bewegte mich nicht.

Die Sterne über den Gassen
stehn stumm am Himmelszelt,
ich fühle mich so verlassen -
verlassen von aller Welt. . .

Marianne Wintersteiner

Der Weg

Lauft nur, ihr stolzen Wege,
weithin in alle Welt;
ich will nur einen gehen,
der führt durch grünes Feld.

Die schweren Wagen haben
zerschunden seine Bahn.
Aus ihren tiefen Gleisen
springt mich der Bergwind an.

Um mich die Höhen steigen,
darüber Wolken wehn;
wie auch die Wetter wandern,
der Weg ist immer schön.

Lauft nur, ihr eitlen Straßen,
wohin es euch gefällt;
mich führt mein armes Steglein
zu mir und meiner Welt.

Erwin Ott

Der Traum von der Heimat

Wo der Jüpel in die Schlippe mündet
und dann, als Weidenbach vereint,
den Weg zur alten Grenze findet,
stand ich im Traum und hab' geweint.
Denn, als ich sah der Heimat Felder
rundum verwahrlost grenzenlos,
verwildert unsre grünen Wälder,
beklagt' ich bitter unser Los.
Ich sah die Häuser in Ruinen;
wie sahn sie aus, du lieber Gott!
Die einst wie Edelhöfe schienen,
nun wirrer Haufen toter Schrott.
Der teure Hausrat ist verschwunden,
zerhackt, verschleppt, wer weiß wohin.
Ja, was man billig vorgefunden,
das gibt man leichter wieder hin.
Doch, liegt das Dorf auch schwer darnieder,
und ist die Wirtschaft noch so schlecht,
o, gebt uns unsre Heimat wieder,
wir wollen ja nur unser Recht!
Wir wollen wieder hacken, roden,
und sei's auch in der größten Not,
und bauen auf dem eignen Boden
für unsre Enkel wieder Brot.
O heil'ge Erde, Heimaterbe,
du läßt die Deinen nimmer los!
Mein letzter Wunsch ist, wenn ich sterbe:
Ich möchte ruhn in deinem Schoß!

Rudolf Habicht

Der Heimatboden

Der Heimatboden ist für uns geweihte Erde;
denn einer langen Ahnenreihe gab er Brot.
Wir waren seßhaft, trieben nicht gleich einer Herde
durchs Land, bis sich uns Bleibe bot.

All unser Samen ist aus deinem Grund entsprossen;
jahrhundertlang bot uns die Heimat ihren Schutz.
Wir haben mit ihr Glück und Ungemach genossen,
und gegen Willkür kämpften wir voll Trutz.

Dann aber hat die Welt sich gegen uns verschworen,
als man zu Unrecht dich, den Heimatboden, nahm.
Doch immer unser bleibt das Land, das uns geboren!
Fremd bleibt ihm stets, der gierig nach uns kam.

Waltraut Karas-Welzl

D
Die Menschen

Urväter

Umsponnen vom Geäst der Sage
durchschreiten stumm sie unsre Tage.
Schicksal, das ewig wiederkehrt.

Denn irgendwo in unserm Blute
lebt noch ein Teil von ihrem Gute.
Was sie einst fehlten, das beschwert

zuweilen heut noch manche Stunde,
wenn es aus rätselhaftem Grunde
aufsteigend müd uns macht und krank. -

Und wieder mag ihr Überwinden,
ihr Kampf ein spätes Echo finden,
wenn sich ein Enkel leicht bezwang.

Sie sind uns not! An manchen Tagen
da helfen Schwerstes sie ertragen,
schenken geheimnisvoll uns Kraft.

Wie immer wir uns auch gebärden,
in allem Wähnen, Wagen, Werden
verbleiben wir in ihrer Haft.

Wir sind nur Frucht, sie sind die Saaten.
Wer sie verrät, muß uns verraten!
Mit ihnen schließet sich der Kreis.
Wohl, wer sich dort geborgen weiß!

Max Zweigelt

Das Land im Osten

Ich weiß nicht, wer und was sie einmal waren,
die ich als meine Ahnen heiß verehr'.
Sie kamen einst vor vielen hundert Jahren
als freie Siedler in das Land daher.

Sie kamen in ein Meer voll dunkler Wälder,
und Wildnis war, was da ihr Fuß betrat;
denn nirgends gab es noch den Kranz der Felder,
und nirgends war ein Plätzchen für die Saat.

In steter Arbeit nur ließ sich erbauen
der Zukunft stolzer, fester, schöner Bau.
Es drängte sie, den dichten Wald zu hauen
und Raum zu schaffen für des Himmels Blau.

Und so ward mählich es ein schöner Garten,
und reiche Früchte trug ringsum das Land.
Man brauchte seiner nur mit Fleiß zu warten,
und Segen kam aus Gottes Vaterhand.

Aus rauhem Holze waren sie geschnitten.
Sie hielten das ererbte Erbe wert,
bekannten stolz sich zu den alten Sitten,
liebten die Freiheit, aber nicht das Schwert.

Und doch hat man den Garten rauh zertreten,
die Schaffenden aus ihrem Heim verjagt,
verlacht sogar ihr stilles, heißes Beten,
daß Nacht nun liegt, wo es einst hell getagt.

Doch bittrer ist, daß nun die eignen Brüder
noch buhlen um der andern Gunst und Gnad,
nichts wissen wollen von der Kraft der Lieder,
vom Land im Osten, von der Ahnen Tat.

Albert Rotter

Die Väter

Sie kamen damals friedlich in das Land
und rodeten die weiten dunklen Wälder;
und üpp'ge Weiden, grüne Roggenfelder,
Fruchtbäume wuchsen unter ihrer Hand.

Sie führten nicht ein Schwert, das Wunden schlug.
Sie streuten in die Erde goldnen Samen
und kannten keine Zwietracht, denn sie nahmen
ihr Eigentum bedächtig mit dem Pflug.

Sie bauten stolze Kirchen auf mit blanken
schneeweißen Mauern und bewehrten Türmen
- um zu bestehen in des Lebens Stürmen -
und Bauernhäuser wie daheim in Franken.

Sie wußten nichts von Hassen, Mord und Rache.
Sie brachten ihres Lebens Früchte dar,
dem König gebend, was des Königs war,
und beteten zu Gott in ihrer Sprache.

Elisabeth Lichtenecker

Die Menschen des Altvatergebirges

Die Berge wandern lang und weit,
die steinigen Hänge gleiten
in schmale Täler, und karge Frucht
tragen die Ackerbreiten.

Drum ist hier härter die Bauernfaust,
und knorriger sind die Schwielen,
und trotziger sind Herz und Kraft,
das muß der Boden fühlen.

Ob gut das Jahr, ob stürmereich,
was kommt, das wird getragen.
Bis in das letzte Verzweifeln hinein
kann sie kein Herrgott schlagen!

In ihren Hütten, sauber getüncht,
schlafen die Sorgen sie aus
und sehen im ersten Frührotschein
auf die Felder gläubig hinaus.

Erwin Ott

Ein Gebirg

Wenn aener will ofs Land naus güehn,
ei onsern Bargen is gar schüen,
do is dä Loft su hell und klar,
durt sein dä Menschen echt und wahr.
Was of der Laber leid muß raus,
und's Harzla guckt bein Gucklan raus.
A seidnes Tüchla macht mehr Fräd',
wie ei der Stadt das schüenste Kläd.
Bir han ka "Sie", bir sprachen "Euch",
bir sein anander alle gleich,
bir sein su ächt, su deutsch und wahr,
bir labn zureck wuhl hundert Jahr;
wuhl hundert Jahr weg von Betrügn,
von Heucheln, Schmeicheln und von Lügn!

Engelbert Adam

Aufmunterung

Haltet jeder Hoffnung offen
eure Herzen. Hoch und weit
über eures Schicksals Schroffen
zieht verheißungsvoll die Zeit.

Zieht die Zeit, in ihren Falten
Wandel und Veränderung.
Taten, die noch eben galten,
löscht hinweg des Pendels Schwung.

Wie die Winde wechseln ständig
die Gesinnungen der Welt.
Die Geschichte, tausendbändig,
zeigt, wie alles steigt und fällt.

Heimat, die in tausend Jahren
unentreißbar unser ward -
Muß sie auch Gewalt erfahren:
Unser bis zur Gegenwart

ist sie, und sie bleibt es immer.
Keines Tintenwerks Geflecht
gibt sie mit des Rechtes Schimmer
an ein anderes Geschlecht.

Jeder Stein spricht unsre Sprache,
Berg und Flur von Anbeginn;
jede Welle in dem Bache
spiegelt deutlich unsern Sinn.

Ehrenvoll ward sie erworben.
Ehrenvoll in ihrem Dienst
ward gelebt und ward gestorben. -
Heimat, einmal wieder grünst

du dem erbgeseßnen Volke.
Einmal wieder lächelst du
uns mit Berg und Wald und Wolke
liebend wie die Mutter zu.

Unser Flehen, unser Weinen
ist im Raume nicht verhallt.
Einmal, als der Freude Scheinen,
wird es wiederum Gestalt.

Einmal wird der Dunst sich klaren,
aufgelöst von Gottes Hand. . .
Einmal, Ausgestoßne, fahren
wir zurück ins Heimatland!

Alois Pilz

Die Herzen empor!

(Aus der Hirschbrunst 1920)

Heimat, du hehre, du heilige du,
die Hütten da unten in träumender Ruh,
Rauchschwadenwirbel die Raine entlang,
zur Höhe verklingender Hirtengesang.
Um mich die Berge im herbstlichen Rot,
dem Purpur des Rauhreifs, der mahnenden Not.
Was immer im Leben der Starke verlor,
er kann nicht verzweifeln, ihn bricht keine Not,
solange im Herzen die Liebe nur loht.
"Die Herzen empor!" Wie's Schicksal auch dräut,
der Lenz muß doch kommen nach grimmiger Zeit.
Die Herzen empor und die Sehnen gestrafft! -
Das Leid sei die Schmiede verjüngender Kraft.
Wer tatenlos klagt bei gebrochenem Schwert,
ist nimmer der Gnade des Göttlichen wert!
Und ob gleich die Welt gegen euch sich verschwor -
Deutsche, seid Männer - die Herzen empor!
Ein mächtiger Schrei noch, der grollend verhallt,
dann schwindet der Mahner im nächtlichen Wald.
Der Mond stieg herauf, herb strich der Wind -
da schlich ich zu Tal, beschämt wie ein Kind.

Viktor Heeger

Der Sämann

Das Tuch geknotet schulterquer,
die Hängefalte körnerschwer,
nicht nur vom Alter schon gebückt,
die Traglast hat ihn eingeknickt.
So watet er den Acker her
und wirft mit Schwung im Bogen hin
die Körner, hofft mit frohem Sinn,
daß bald der Saat, die er der Erde
senkt gläubig in den kühlen Schoß,
ein fröhlich Auferstehen werde
und jedem Korn entkeim' ein Sproß.

Er sieht schon hohe Halme ragen,
wie sie im Winde Wellen schlagen
und gilben, bis die Sense blinkt
und Halm um Halm zu Boden sinkt.
Knarrt dann das Fuder, garbenschwer,
schreitet er dankbar nebenher,
sein Auge leuchtet.

Längst knotet er kein Sätuch mehr,
noch wogt um ihn ein Ährenmeer,
ist selbst gesät in Kirchhofserde.
Gott geb, daß ihm ein Frühling werde,
wie einst dem Korne, das er warf.
Saat, Sämann Gottes Huld bedarf -,
mein Auge feuchtet.

Josef Latzel

Der Bauer

Zum letzten Male streu' ich Futter ein
und atme tief den dunstigen Geruch -
von morgen an wird es ein andrer sein,
und komme ich, so ist es bloß Besuch.

Zum letzten Male führt den Pflug die Hand,
sie putzte ihn noch einmal blitz und blank;
für alle Treue, die ich bei dir fand,
mein lieber alter Pflug, hab innig Dank!

Zum letzten Male geh' ich übers Feld
und schaue atmend meine Flur.
Wie schön ist doch das Korn emporgeschwellt -
für andre Schnitter wuchst du heuer nur!

So ging mein Vater einst vor langer Zeit,
und schweren Schrittes kehrte er zurück.
Ich stand vor ihm im bunten Hochzeitskleid
und sah die Tränen nicht in meinem Glück.

Im Dorfe lassen sie die Böller los.
Mein Sohn kehrt heim. Es jauchzt Musik und Lied.
Wir wurzeln alle in der Erde Schoß,
und jeder ist nur einer Kette Glied.

Ernst Joseph Görlich

Vertriebene Bäuerin

Es ist nicht viel, was man mir nahm:
ein kleines Haus am Dorfesrand,
ein Feld, auf dem mein Korn noch stand,
als jene Stunde kam.

Es ist nicht viel, was drüben blieb:
ein Blumengarten an dem Bach,
ein Pflug, der meine Scholle brach,
von der man mich vertrieb.

Es ist nicht viel, was dort zerfällt:
ein kleines Haus am Dorfesrand,
ein Feld, auf dem mein Korn einst stand -

und eine ganze Welt.

Rainer Krieglstein

Wir sind die Männer vom Bauernstand,
halten zur Heimat, zum Herde.
Wir roden das Feld und pflügen das Land
und senken die Saat in die Erde.
Wir bauen das Haus auf dem festen Grund
und schließen aufs neue den alten Bund,
den Bund zwischen Menschen und Erde.

Konrad Liss

Nordmährische Bäuerin

Was wären Haus und Hof und deiner Lieben Kreis,
wär' nicht dein immerwährend stilles Mühen!
Wie könnten in den Tagen voll von Schweiß
Zufriedenheit, das Glück der Eintracht blühen?
Du bist des Lebens kluge Meisterin,
verpflichtet einem steten Sorgen,
und legst du dich des Nachts zur Ruhe hin,
so gilt dein Denken schon dem neuen Morgen.
Hoch von den Sternen, die dir mild vom Himmel
scheinen,
erstrahlt dein Wahlspruch: Alles für die Meinen!

Albert Rotter

Der Bauer pflügt

Der Bauer pflügt, so sei's getan,
beim Pflügen fängt das Leben an.

Der Acker rauh, das Werk ist hart,
was tut's der rechten Bauernart?

Stolz geht er hinterm Pflug einher,
ein jeder Zoll des Ackers Herr.

Der Bauer pflügt, es helf' ihm Gott,
ein Mensch schafft für die andern Brot.

Karl Hübl

Alte Spinnerin

Sie zieht das Werg, sie tritt das Rad,
den Faden zart zu spinnen
und so mit Fleiß und ems'ger Tat
das Linnen zu gewinnen.

Und wie sie spinnt, die Alte sinnt:
"Einst hab' ich angefangen;
doch mit der Zeit, die rasch verrinnt,
sind Lieb und Leid vergangen.

Von allem blieb das Spinnen nur,
das Mühen, Sorgen, Hasten. . .
Doch winkt mir schon die stille Flur,
im ew'gen Schlaf zu rasten."

Karl Hübl

A alder Schlesier

Ich koan orscht nie andersch und bien halt asu,
ich bien vo dar aldn Oart,
mit Metarn und Litarn lott mich zu Ruh,
ich halt mich oan Ehle und Quoart!
A Matz vl Fliehe, a Gebäcke Brut,
do kennt sich a jedis aus,
und Freinde ai dr Nut giehn hundert of a Lut,
verstieht ma vo Haus zu Haus!

Doas feine Redn, doas ies mer nie gahn,
ich loß of mei Schlesisch nischt kumm,
ich hoa seit jehar of Woahrhät gesahn,
kä Bleetla fiersch Maul genumm!
Ich bien kreizgutt, oaber leidergoots,
's kemmt fier, doaß de Wutt ai mich fährt!
Ich denk abn, doaß of a grobis Klotz
a a grober Keil gehärt!

Ich bien a Deitscher und wiels a blein,
ebs Hackn und Teifl schmeißt;
ma dorf nie glei asu foarchtich sein,
und war sich zu viel drdreist,
dar musse drfohrn bei guder Zeit,
die deitsche Gemietlichkät!
Denn war sich nie wehrt und oalls verzeiht,
em dan tutts kän Honde nie läd!

Darthoalbn sprech ich als oalder Moan:
Vergaßt nie of Haus und Hof,
's sool ai dr Schles noch ang Deitsche hoan,
wenn ich schunt ain Groabe schloof!
Doas deitsche Land muß ai deitscher Hand
fier ensere Kender blein
und 's deitsche Woart und die deitsche Oart
ai Schlesien derhäme sein!

Franz Karl Mohr

Vertriebener Bauer

In meiner Heimat waren dunkle Wälder,
da war mein Dorf, mein Garten und mein Haus;
mein Pflug ging über meine weiten Felder,
und nach mir sahen alle Wipfel aus.
Mit festen Schritten trat ich in den Morgen,
nach Hause ging ich, wenn die Sonne schied,
der Herrgott gab mir Arbeit, Brot und Sorgen,
des Kornes Rauschen war mein liebstes Lied.

Nun bin ich in die fremde Stadt gekommen,
auf fremden Steinen klingt mein schwerer Schritt;
mich haben fremde Menschen aufgenommen,
ich brachte nur mein großes Heimweh mit.
Nach meinem Wald, dem Dorf und meinem Garten,
dem Pflug, der tief in meine Erde drang,
nach meinen weiten Feldern und den zarten,
den liebsten Liedern, die mein Korn einst sang.

Die Stadt ist um mich, wie die hohe Mauer,
die alles Lichte von dem Dunkel trennt;
man sagt, ich sei nur ein vertriebner Bauer,
der nicht die Welt und ihre Menschen kennt?
Ich weiß nur eines: Daß ich nie mehr wieder
die Felder sehen werde und den Wald,
und jene unvergeßlich schönen Lieder,
die einst mein Korn mir sang, verstummen bald ...

Rainer Krieglstein

Heimatvertriebener Bauer

Wir gehen auf fremden Straßen umher,
wir haben nicht Hof und Felder mehr.
Wir stehen im Laden und kaufen Brot,
doch macht es unsre Wangen nicht rot!
Der Laib ist warm und dampft so frisch,
doch fremd liegt er auf unserm Tisch.
Und wir denken an Lohn und hartes Geld -
Es ist nicht Brot von unserem Feld.

Wir hören den alten, fernen Sang,
die Äcker hin, die Furche lang,
doch alles ist nur banger Traum.
Der Tritt klingt hart am Straßensaum.
Wohl haben wir das tägliche Brot,
doch unsre Seele leidet Not,
denn wir sind Bauern ohne Land,
wir leben wie der Fisch am Strand.

So heben wir die Bauernhände:
O mache, Herr, der Not ein Ende!
Es ist die Erde doch so groß,
ein Stücklein Acker gib uns bloß!
Wir wollen wieder säen und bauen,
wir haben noch Kraft und Gottvertrauen.
Das eigene Brot aus eigenem Land -
von dir, o Herr, aus deiner Hand!

Hugo Scholz

Hans Kudlich

(aus Lobenstein bei Jägerndorf)

Zum 100. Geburtstag 1923

Merk dir den Namen, deutscher Bauer,
und drück ihn ein ins Herz, wie du
die Pflugschar in den Acker drückst;
hier ist dein Heiligtum, hier lohnt's der Müh,
daß du den Hut in Ehrfurcht rückst
vor diesem Manne, der dich frei gemacht,
vom Knecht zum Herrn gebracht,
der deine Ketten sprengte,
der dir den Geist bewehrte,
der dich zum Lichte drängte
und deine Leiden hörte.
Ein Name nur, ihn trug ein ganzer Mann;
heut weißt du, was ein Name sagen kann,
gewaltig faßt dich seine Tat.
Gott war mit ihm, so reifte seine Saat;
stieg aus dem Korn zu windbewegten Ähren,
erwuchs aus Mühsal, Not, verbißnen Zähren,
aus Zehent, Robot, Zwang und Sorgen,
aus Nacht und Dunkel in den neuen Morgen!
Daß uns sein Name heilig werde,
gebt Raum der Brust, macht ihn zum Schrei:
Fluch den Tyrannen! Unsre Erde
ist unser und der Bauer frei!
O Land, du, seiner Liebe,
sei du auch uns geliebt,
solang ein Herz dem andern
von seinen Wundern gibt.
Merk, Bauer, dir den Namen,
er ist kein Ungefähr,
ihn brachten Gottes Stürme
von weither übers Meer.
Und raucht vom Pflug die Erde,
von deiner Faust umfaßt,

bedenk, es trug Hans Kudlich
für dich die größre Last.
Drum weih ihm dein Gedenken
in alle Ewigkeit;
vielleicht ruft er noch einmal:
"Auf, Bauer, es ist Zeit!"

Bruno Hanns Wittek

Die treue Magd

Wie sorgtest du für Hof und Haus!
Du bücktest dich um jeden Span,
du hobst mit Gott dein Tagwerk an
und löschtest spät dein Lämpchen aus.

Was gab dem schwachen Herzen Mut?
Oft staunte ich, wie fröhlich du
die Nacht hingabst der kranken Kuh,
dich sorgtest um der Entlein Brut.

Kein Halm war dein. Und doch, wie stolz
hieltst du vorm Ruf des Hauses Wacht.
Du gabst auf jeden Pfennig acht,
du wuschest, nähtest, sägtest Holz.

Du bukst das Brot, du fingst die Maus,
du zogst uns Kindern an die Schuh,
du fandest keine Stunde Ruh,
du gingst ins Feld trotz Sturmgebraus.

Du standst wie in geheimer Kraft.
Du klagtest kaum, du murrtest nie.
Es war, als ob all seine Kraft
der Herrgott deinen Armen lieh.

Richard Billinger

Meinem Vater

Die karge Jugend hat es wohl ergeben,
daß du so streng zum Alltag eingestellt.
Stets stand die Pflicht voran in deinem Leben,
nur sonntags warn die Berge deine Welt.

Von deinem Lieben hast du nie gesprochen.
Doch legtest du das erste Buchengrün,
das du beim Morgengang im Wald gebrochen,
auf meiner Mutter Nähtisch schweigend hin.

Das große Leid, das alle wir erfahren,
ist leider dir auch nicht erspart geblieben.
Man hat auch dich mit über achtzig Jahren
von deinem Heim, aus deinem Haus vertrieben.

Nun hast du längst den Frieden schon gefunden.
Und über deinen Bergen in der Ferne
da ziehen weiter ihre ew'gen Runden
am Firmament der Heimat goldne Sterne.

Maria Thiel

Getreu bis in den Tod

Geschmäht, beraubt, vertrieben
bist du in deiner Not
der Heimat treu geblieben,
getreu bis in den Tod.

Zu ihr ging hin dein Sehnen,
für sie nur schlug dein Herz,
dein Hoffen und dein Wähnen
zog stets sich heimatwärts.

Nun hast nach Weh und Wunden,
nach herbem Gram und Graus
du endlich heimgefunden
ins ew'ge Vaterhaus.

Vom Herrn als Lohn beschieden
für all dein Leid und Tun,
kannst nun in Freud' und Frieden
als Seliger du ruhn.

Josef Urban

Alter Volksspruch aus den Altvaterbergen

O Reesla ruot,
wie gruoß de Nuot,
wie schwer die Pein!
Wie garn meecht' ich eim Hemmel sein!
Eim Hemmel hoot's an breeta Wäg,
eim Hemmel hoot's an schmola Stäg.
Do koama zwä Engala gegonga,
die wullten mich weisa.
Ich ließ mich nie weisa.
Ich bin vo Goot,
ich gieh zu Goot;
Goot hoot mr a Lechtla gegan,
dos soll mr leechta
eis hemmlische Laaba,
eis gruoße Hemmelreich -
Oama - ei Goots Noama!

Verfasser unbekannt
(Veröffentlicht 1857 von A. Peters in Troppau.)

Meine Mutter

Meine Mutter war eine Bauersfrau.
Meiner Mutter Hand ist verschafft und rauh,
meiner Mutter Stimme ist fromm und lind,
ist dunkel wie Erde und weich wie der Wind.
Meiner Mutter Brust ist tröstlicher Schrein,
das Heimweh des Lebens wird stumm und schläft ein.
Meiner Mutter Füße sind still und gemach,
meine Mutter geht allem Verlorenen nach
auf Steinen und Straßen, die niemand weiß.
Meiner Mutter Haar ist grau wie das Eis,
meiner Mutter Augen erleuchten das Haus,
meiner Mutter Herz schöpft niemand aus -
dies strömende Meer, das der Tod nicht zerbricht.
Meine Mutter ist heilig und weiß es nicht.

Vera Langer

Mutter und Heimat

Die Mutter ist uns Heimat,
in der wir geborgen sind.
Segnend hält sie die Hände
über ihr großes Kind.

Heimat ist wie eine Mutter,
Ursprung und lichter Schein,
hüllt mit zärtlicher Obhut
gleich einem Mantel uns ein.

Müssen wir eines entbehren
oder sind beide nicht mehr,
fühlt man, was man verloren,
und das Herz wird schwer.

Nimmer läßt sich ersetzen,
was in Gewordenem ruht:
heimatliche Zuflucht,
mütterliche Hut.

Karl Norbert Mrasek

Meine Mutter

Du gleichst der Wiesenblume,
die nichts begehrt,
der stillen Opferflamme,
die sich verzehrt;
zu dienen und zu helfen,
ist stets dein Sinn,
und fordert' ich dein Leben,
du gäbst es hin!

Du hast auf allen Wegen
mich treu bewacht,
mit mir in Freud' und Leide
geweint, gelacht;
du hast mich stets verstanden,
was auch geschah.
Wenn alle mich verließen,
du warst mir nah!

So mög dir Gott vergelten,
du liebes Herz,
was du für mich geopfert
an Lieb' und Schmerz!
Oh, daß ich doch ein Wörtlein
des Dankes wüßt'!
Nur Gott im Himmel weiß es,
was du mir bist.

Louis Karschin

Lied für
Schwester Klara Fietz

Großes tut Gott, singt ihm Lob,
Schwester Klara er erhob:
eine junge Frau.
Machtvoll hat er sie erwählt
und den Starken zugezählt:
eine zarte Frau.

Jung an Jahren zog sie fort,
hörte auf sein klares Wort:
eine starke Frau.
Gab sich ganz dem Herrn dahin.
Das war ihres Lebens Sinn.
Eine klare Frau.

War als Magd und Gottesbraut
ganz dem Herren angetraut:
eine liebe Frau.
Trug ihr Glück und Fröhlichkeit
als des Glaubens schönstes Kleid:
eine Ordensfrau.

Und sie liebt' die Heimat sehr;
doch sie spürte immer mehr,
diese treue Frau,
daß der Himmel Heimat ist
und die Welt nur kurze Frist!
Eine fromme Frau.

Als sie traf des Kreuzes Last,
liebt' sie Gott ohn' Ruh und Rast:
eine tapfre Frau.
Wollte nichts als Flamme sein,
sich verzehrn im lichten Schein.
Selig diese Frau!

Adolf Schrenk

Das Lied der Flachsbrecherinnen

Es klinge heller, hoher Klang
in unsren deutschen Liedern,
zum Brechgeklapper froher Sang
im Dorfe auf und nieder.

Geehrt war schon in alter Zeit
von Mädchen und von Frauen
auf Schlössern, Burgen weit und breit
der Flachs in deutschen Gauen.

Im Kaiserhof der Rocken stand,
Frau Berchta hat gesponnen.
Und Linnen gab ein Festgewand,
durch Frauenhand gewonnen.

Die Mägde mit der Rittersfrau,
sie spannen feine Fäden
und bleichten sie mit Himmelstau,
gefolgt von muntrem Regen.

Es kündet uns so manches Buch,
und alte Schriften lehren,
daß jederzeit ein Spitzentuch
aus Flachs war hoch in Ehren.

Drum sagt uns jeder Königsgast,
der noch sein Mahl mocht' loben:
Die Tafel überzieht Damast,
aus Linnen fein gewoben.

Drum künden wir mit frohem Sinn,
mag Gott stets Flachs bescheren,
ein dreifach Hoch der Brecherin
soll niemand uns verwehren!

Johann Kopp

Maiglöckla

's hot wu a Porsche a Randla gewoßt
eim Walde a kliewinzich Steckla,
dort blühten eich Blümla, es wor ene Lost,
's worn lauter schnieweiße Gleckla.

Drvo hot der Porsche für kän Menschen gemockt -
ar ging olle Johr zu jem Platzla -
und hot sich die schiensten Blümla gepflockt
und brocht' se drhäme sei'm Schatzla.

Dos word feierrut eim Gesechte vor Lost
und stackte dos Sträußla eis Mieder,
drbei hot der Porsche sei Mädla gepoßt,
und die Glöckla erklonga wie Lieder,

wie Lieder aus jener glecklichen Zeit,
für die ensre Musich kän Laut hot. -
Dos klong jedes Johr em die Maienzeit,
bis der Pater die zwee getraut hot.

Viktor Heeger

Der gleckliche Franz

Der Wenter! Och du liebe Not,
dar Schnie ond doas Gefröste!
Beim woarma Ufen dank ich Goot
ond denk: wie glecklich beste!

Die Hinner fier män Fanster stiehn
oals wie de Battelmänner,
weil halt dar Honger grießer werd
ond's Frassen immer klänner.

De Spoatzen of dr Stroaße schorr'n
eim hoarten Pfardemeste
ond ich - ei Kraut ond Racherfläsch.
Och Franz, wie glecklich beste.

De Hoasen ond de Rehe kumm'
vier Honger ei män Goarten
ond frassen, weil's nischt Bessersch hoat,
von Äppelbam de Schwoarten.

Ond frassen se män Goarten ganz,
ich denk derbei: die läßte;
der Jäger muß mer'n jo bezoahl'n.
Och Franz, wie glecklich beste!

Mei Alde tut bei setter Käld'
sich jede Predich spoar'n,
dr Stemmstook vo dam Plappala
is rohnfest zugefror'n.

Do dank' ich Dir, Du lieber Goot,
recht schien fier doas Gefröste.
Taut's goar nie uf, do rief ich laut:
Och Franz, wie glecklich beste!

Viktor Heeger

Zur hl. Hedwig

Sankt Hedwig, dir sei anvertraut
die Heimat, die wir lieben.
Dein Volk auf deine Hilfe baut,
dein Volk, verjagt, vertrieben.

Sieh an dein Volk, elend und arm,
sieh an dein Volk in Ketten;
o Landesmutter, dich erbarm,
o komm, dein Volk zu retten.

Patronin unsrer Heimat du,
des Schlesierlandes Ehre,
schenk du der Heimat Fried und Ruh,
sei du uns Schild und Wehre.

O Herzogin und starke Frau,
Sankt Hedwig, sieh die Leiden.
Vom Himmel du herniederschau,
tu deine Hilf uns zeigen.

O heil'ge Fürstin, hör uns flehn,
laß Not und Jammer enden,
und laß uns nicht zugrunde gehn,
hilf du die Trübsal wenden.

Albert Sauer

Dem Bergwanderer Wilhelm Heinold x)

Wer kennt nicht den Bergesalten
mit dem langen Silberbart?
Vater Heinold hat gehalten
oft schon frohe Wanderfahrt.
Unserm Heimatland, dem schönen,
mit dem grünen Bergeswald
all sein Denken, Hoffen, Sehnen,
seine ganze Liebe galt.

Seit der Jugend fernen Tagen
zog's ihn nach Altvaters Höhn.
Selbst als Greis noch mußt' er wagen
jener Bergwelt Reich zu sehn.
Froh zu schauen, fühlen, lauschen
Vogelsang und Blumenpracht,
Tannenduft und Waldbachrauschen,
wundervolle Zaubermacht.

Mocht' sein Haar schon längst sich lichten,
er steht unverwüstlich da,
wie die festen Wetterfichten,
gleich der Blume Erika!
Nach der Wanderfahrtbeschwerde
Ruhe winkt am Herbergsort.
Heinolds Treu zur Heimaterde
lebt in unsern Herzen fort.

G. Schroth

x) Dieses Gedicht wurde dem langjährigen Ehrenmitglied des Mährisch-Schlesischen Sudetengebirgsvereins aus Jauernig zu seinem 89. Geburtstag am 22. Juli 1936 gewidmet.

Zum Gedenken an Dr. Franz Karl Mohr

Gar lange ist es nun schon her,
da schreckte uns die schlimme Mär,
voll Trauer traf sie unser Ohr:
Fern starb der Dichter Franz Karl Mohr,
der uns geschenkt manch reiche Gaben;
in U S A liegt er begraben.
Amerika war einst sein Ziel,
als unser Land in Knechtschaft fiel.
Doch blieb in allen Lebensstunden
er seiner Heimat treu verbunden.
Die Heimat, die ihm Trost und Halt,
in seinen Werken ward Gestalt.
Ihr galt sein unstillbares Sehnen,
für sie nur sollt' sein Lied ertönen.
Was so an Versen ihm geglückt,
das hat auch uns das Herz erquickt.
Als er gefahren über See,
da wuchs sein Werk zu stolzer Höh.
Weit übers Meer her reicht sein Ruhm,
gibt Zeugnis uns sein Künstlertum.
So sahn wir ihn, vor Jahren schon,
Sandhübels größten Heimatsohn.
Daß uns Gewalt die Heimat nahm,
war auch für ihn der größte Gram,
das hat auch ihn zutiefst getroffen,
das nahm auch ihm sein letztes Hoffen:
Einmal die Fremde abzutun,
um einst im Heimatland zu ruhn.
nun ruht er nicht, wo er geboren;
doch in dem Land, das er erkoren.
Dort liegt er, fern von uns, begraben,
der Besten einer, die wir haben.
Uns aber ist er nicht gestorben,
wenn seinen Geist wir recht erworben.

In seinem Werk lebt, wie zuvor,
der Dichter Dr. Franz Karl Mohr!

Lothar Philipp

Ein treu Gedenken - lieb Erinnern. . .

an Viktor Heeger

V erwahrt gleich einem Edelstein
I n jeder Schlesierbrust bist Du!
K ein schön'res Denkmal wüßt' ich Dir:
T reu wollen wir bleiben für und für.
O b Leid uns trifft, Unrast, ob Ruh,
R uft jeder von uns: Ich bleib' Dein!

H ell wie der Oppa weißer Gischt
E rgötzt uns Deiner Dichtkunst Kraft,
E rfüllt von gold'nem Sonnenlicht,
G ibt uns den Born, der Frohmut schafft,
E rquickt uns und versieget nicht,
R eicht uns den Trunk, der uns erfrischt.

Sophie Ryba-Aue

Viktor Heeger

Im Tone des süßen Wohlklangs der schlesischen
Sprache
hast du die tiefsten Wünsche zum Ausdruck
gebracht,
mit Worten nie versiegender Liebe zur Heimat
im Rhythmus heimischer Dichtkunst geweint und
gelacht.

Du hast es verstanden, die Seele zu weiten
und köstlichen Humor über kleine Schwächen
zu breiten;
doch wo deine Worte vom Unglück des Volkes
handeln,
läßt frohe Ahnung uns im Garten des Trostes
wandeln.

Als dräuende Wolken über unser Land sich türmten,
verblendete Völker gegen Recht und Ehre stürmten,
da warst du Rufer, der aus der Sprache geheimsten
Tiefen
Schätze hob, die flammend als Worte zur Abwehr
riefen.

Du gingst von uns nach hartem, schwerem Ringen;
doch deiner Dichtkunst lieblich bunte Blume blüht.
Ewig wird dein Freudenlied der Heimat klingen,
auch wenn dein Mund nun stumm, dein Herz verglüht.

Richard Sokl

Unserm Koppenvater

(Viktor Heeger)

Aus voller Seele quoll es hervor:
"Volk meiner Heimat, die Herzen empor!"
Immer, in Nöten und Schicksalsstunden,
hat dein Rufen zu uns gefunden;
du warst Berater und Mahner zugleich,
Vorbild der Treue in Altvaters Reich,
Kämpfer fürs Volkstum in vordersten Reihn:
unserer Heimat getreuer Wardein!
Wenn deinen lauteren Worten wir lauschen,
klingt es wie heimisches Blätterrauschen,
schwingt es, als würde im Maienwehn
leise der Herrgott durch Wälder gehn,
segnend voll Liebe, nach Stürmen und Brand,
unser geprüftes Heimatland.

Koppenvater, voll Dankbarkeit
denken wir deiner, der du so weit
schlummerst in teuerer, heiliger Erde
und hoffen, daß sie wieder unsere werde!

Wilhelm Urban

Sonett für Emil Moser

Heimatdichter aus Spieg-
litz unterm Schneeberg

Und immer enger zieht der Tod die Kreise
um uns, die Menschen aus dem fernen Land.
Denn viele, die ich selber noch gekannt,
sind unterwegs auf ihrer letzten Reise.

Sie gingen fort, oft unbemerkt und leise
nach einem kurzen, stummen Gruß der Hand,
o Herr, zu Dir, wo sie, zum Licht gewandt,
dann stets daheim, auf wundersame Weise.

So hat auch er das dunkle Tor durchschritten
zur Ewigkeit, vor der wir grundlos schauern,
da wir doch glauben, daß es, Gott, Dich gibt.

Und daß die Zeit, als er in unsrer Mitten
geweilt, einst wiederkehrt nach allem Trauern,
weil endlos tot nie sein kann, wer geliebt!

Herbert Gröger

An Vinzenz Prießnitz

Steht unser Wald an seiner alten Stelle,
der noch so tief in unsre Träume spricht?
Erloschen nicht die zarten Aquarelle
in unsrer Tage grellem Satanslicht?
Und murmelt noch die alte Segensquelle
sein großes, reines, ewiges Gedicht
in die verlaßne, menschenlose Zeit -
das hohe Lied der edlen Menschlichkeit?

Aus diesem Land wuchs er. Ein Klang der Quelle,
ein Blatt von seinem schönsten Schattenbaum.
Dem Wasser und dem Wind war er Geselle;
doch aus der Enge stieg er in den Raum
der weiten Welt. Ins überhelle, grelle
Licht trat sein Name. Doch er blieb dem Traum
der Heimat treu und hat, von Ruhm umrankt,
der Mutter Licht mit seinem Glanz gedankt.

Er zog mit uns, wie einst die Griechen taten,
wenn sie der Haß von Haus und Hof verbannt.
So taten wir und trugen der Penaten
segnenden Geist ins neue Vaterland.
So sprießt uns neue Frucht aus alten Saaten;
noch immer sät und erntet seine Hand.
Sie führte Tausende aus Tod ins Glück
der Kraft. Und führt auch einmal uns zurück!

Robert Hohlbaum

Zum Gedenken an Johann Schroth

Nicht nach Ellen mißt das Leben,
nicht nach Jahren der Gehalt;
einzig tiefbewußtes Streben
formt den Inhalt, die Gestalt.

Wenn dem Mensch am Grabesrande
noch einmal ein Frühling blüht,
kein Gelehrter bracht's zustande,
mit dir ging der Herrgott mit.

So warst du voll reicher Jahre,
war die Zahl auch nicht so groß,
schmückend grünt auf dem Altare
voll des Ruhms dein Erdenlos.

Mit den festen Bauernhänden
fühltest du dem Schöpfer nah,
ließt du seine Kraft bewenden
und das Wunder, das geschah.

Wer wohl kennt nicht deinen Namen,
wer kam nicht in höchster Not?
Alle, die dich kennen, kamen,
und es half ein Johann Schroth.

Emil Ziebart-Schroth

Dr ale Schpielmon

Vu Dorf zu Dorf, vu Haus zu Haus
tu ich mei Liedla schpiela;
doch watt's wull bale olle wan,
mei Harze tutt's schon fiehla.

Etz bin ich sibzich Johre schon
on halt rächt lawasmiede,
on wies mit mir zu Ende giet,
asu giet's a mäm Liede.

On wänn ich dorch die Därfla zieh,
muß ich wull ofte flänna.
Do honn ju olle doch'n Hämt -
ock ich tu käne känna.

Dos Schecksol hot mr nischt vergonnt
vu Fräde on vu Glecke;
mei Liewa mußta olle fort,
ich blei allän zärrecke.

Etz watt ich halt ock off a Tud,
wos soll ich dänn alläne,
on wänn se mich wann nondrlon,
bin ich ju a drhäme.

Josef Heger

Einer alten Frau aus Nordmähren

Ich sitze gern bei ihr, wenn es schon dunkelt;
ein schwacher Lichtschein nur spielt an der Wand
von der Laterne, die vorm Fenster funkelt.
Ihr Sittich plaudert leis auf meiner Hand.

Gar tiefe Runen hat ein hartes Leben
in ihr Gesicht geschrieben, Jahr um Jahr.
Gebeugt der Rücken, Schweres mußt' er heben.
Doch ihre alten Augen blicken klar.

So lang schon ist sie fort vom Heimatorte;
doch trägt sie noch ihr bäuerlich Gewand.
Denn heut noch gelten ihr des Vaters Worte:
"Ihr Mädchen, niemals über euern Stand!"

Jahrzehnte schon im städtischen Getriebe,
bekennt sie sich zur Egge und zum Pflug.
Sie achtet uns, doch ihre große Liebe
gehört dem Dorf, ihr Stand ist ihr genug.

Was in der weiten Welt sich zugetragen -
ich höre gern, wie sie darüber denkt.
Was auch die klugen Leute dazu sagen:
ich gehe stets von ihr wie reich beschenkt!

Maria Thiel

Der Fremde

Ich mußte fernhin wandern
in einer fremden Welt,
und niemand daheim von den andern
hat meinen Acker bestellt.

Brach liegen nun die Schollen.
Nur wildes Unkraut rankt,
wo sonst so oft die vollen
Goldähren im Wind geschwankt.

Und ist mir auch entrissen
mein Feld, mein Heimatort,
muß ich mein Liebstes missen,
ins Dunkel wandern fort:

Auf allen meinen Wegen
in einer fremden Welt
fleh' ich des Himmels Segen
herab auf jedes Feld!

Hans Langer

Behüt' Euch God und bleit gesond!

Wenn's Sühnla gieht of Wanderschaft,
do wird noch alls zusammgerafft;
a Steckla Botter, Fläsch und Brut
und Kuchen, daß er leidt ka Nut.
Dernoch kriegt er a lange Lehr,
als ob's geschied'n für ewich wär.
"Und denk' a ons ei jeder Stond,
und behüt dich God und blei gesond!"

Der Suhn kemmt weit rem ei der Welt,
doch wenn's ihm a amend gefällt,
wird's aft ein Harzla bang und schwer -
- ach God - wenn er dahäm ach wär'!
Har sieht dä Mutter wie sä grin,
sieht Vater und Geschwester stühn;
har denkt an Die wuhl jede Stond:
"Behüt üch God und bleit gesond!"

"Mei Resla ha ich noch gesahn,
wie sä am Feld hot Klü gehan;
halt mir ei dern liebn Harzla Platz,
behüt Dich God mei lieber Schatz.
Mög' onser Herrgod Dich bewahr'n
vo aller Nut und vo Gefahr'n!"
Ach säh's ihr noch Du blasser Mond:
"Behüt Dich God und blei gesond!"

Derhäm hot heute 's Licht gebrannt,
wie is der Vater remgerannt:
"Ach lodt mei Weibla nie verdarbn,
ach Doktor kommt, sonst muß sä starbn!"
Der Doktor kam wuhl, 's war emsonst,
emsonst war alle Müh' und Konst.
Das Letzte, was sä reden konnt':
"Behüt üch God und bleit gesond!"

Engelbert Adam

"Kummt och rei!"

Altvater hält gar treue Wacht
dort im Sudetenlande,
Altmutter Grohal wahrlich macht'
ihm niemals eine Schande:
Sie waltete von früh bis spät
in Küche und in Keller
und sorgte, daß stets rein und nett
die Gläser und die Teller;
und wer da kam zur Schäferei,
den rief sie fröhlich: "Kummt och rei!"

Ein dichter Nebel oft verhüllt
die Heide, Berg und Bäume;
dann sind auch meistens überfüllt
der Hütte enge Räume.
Und wer da noch im Nebel tappt,
durchnäßt und halb erfroren,
den Mantelkragen hochgeklappt
bis über beide Ohren,
dem klang wie ein Erlösungsschrei
der Grohalmutter: "Kummt och rei!"

Das Wurzelweiblein, matt und müd,
den Rücken schwer beladen,
vom Peterstein her abwärts zieht
auf ausgetretnen Pfaden;
Es atmet schwer und stöhnt und keucht
und droht schier umzusinken.
Da plötzlich wird die Last ihm leicht,
denn Rettung tut ihm winken!
Die Wirtin von der Schäferei,
sie sprach barmherzig: "Kummt och rei!"

Die Allmacht setzte auch ein Ziel
dem Wirken dieser Braven;
und als einst früh der Nebel fiel,
da war sie sanft entschlafen.
Die Grohalmutter, stets gewohnt,
auf lichten Höhn zu weilen,
ward für ihr Tun sogleich belohnt
und durft' zum Himmel eilen;
die Engel bliesen die Schalmei,
und Petrus lachte: "Kummt och rei!"

Wilhelm Urban

Die Toten zu Haus

Die Toten sind zu Haus geblieben,
die Heimaterde deckt sie zu.
Die Toten hat man nicht vertrieben,
die Toten halten ew'ge Ruh.

Die Toten sind daheim die Zeugen
für alles, was einst unser war.
Das Totenrecht ist nie zu beugen
vor der Gerechtigkeit Altar.

Die Toten stehn an unsrer Statt,
die Toten sind des Glaubens Samen,
die ausgesät die Hoffnung hat
in dieser Liebe. Amen.

Alfons Hayduk

Bekenntnis

Ich bin vom deutschen Stamm ein Reis,
ein Korn, gesät in Heimaterde,
daß eine gute Frucht draus werde.
In übererbter Ahnenweis'
ich diene allzeit blutsverwandt
dem Vätervolk und Mutterland
und bin mit ihnen treu verbunden
bis zu des Lebens letzten Stunden.
So wünsche ich
von meinen Kindern auch
ein Deutschbekenntnis
bis zum letzten Hauch.

Karl Adam

Grabinschrift

für Robert Hohlbaum

Du warst ein Landmann lebenslang
mit Pflügerschritt und Sensenschwung.
Dein Acker war die Heimatwelt,
von dir mit Kunst und Fleiß bestellt.
Und was du treulich angebaut,
hat dir der Himmel dann vertraut.
Der Regen fiel, die Sonne schien -
du nahmest beides dankbar hin.
Gewitter kam und Hagelschlag -
sie machten beide dich nicht zag.
Und bracht'st du auch nicht alles ein -
ich denk', du kannst zufrieden sein.

Mirko Jelusich

Grabstein-Inschriften

Die Grabesruh ist angenehm
und ohne Weib noch - außerdem.

Am Jahrmarkt prahlt der Goliath:
"Wer mich bezwingt, 10 Gulden hat!"
Mich reizte Kampf und der Gewinn;
die Ader riß, das Geld war - hin!

Vom Wagen fiel ich jäh herab,
das Rad schnitt mir den Atem ab!
Geheißen hab' ich: Thamjan Plunzer -
ich bitt' schön um 3 "Vater unzer"!

Ich tanzte voller Liebeslust,
da fuhr ein Messer in die Brust. . . !
Der Mund ging auf, das Auge zu;
drum schlaf' ich hier in guter Ruh! -
Es sei verflucht die Eifersucht!

Am Wasser hatt' ich nichts verloren,
drum hat es Rache mir geschworen,
als wankend ich beschritt den Steg!
Mich packt' der Strom, o Graus genug,
ich starb an einem - Wasserschluck!

Max Bude

Unseren Toten

Wenn graue Nebel talwärts schwenken,
Herbststürme ihre Arbeit tun,
geht zu den Toten ein Gedenken,
die in der Heimatferne ruhn.

Kein Blumengruß schmückt ihre Stätten,
kein Licht mahnt an Vergänglichkeit.
Das Glück der Freiheit liegt in Ketten. -
Dort leben fremde Menschen heut.

Vertreibung ließ man einst geschehen.
Die Heimat gab uns reichlich Brot;
gesegnet war die Hand beim Säen.
Doch seitdem herrscht im Lande Not.

Es war der Fleiß und Schweiß der Ahnen,
der Frucht aus wilder Wurzel schlug.
Nun wollen sie beständig mahnen:
Vom Unrechttun ist es genug.

Der Frieden sollt' uns allen werden!
Was bringt der Haß und was der Neid?
Wir sind nur Wanderer auf Erden -
ein Saatkorn für die Ewigkeit.

Hans Zohner

Den Toten der Heimat

Es folgen uns die Toten,
wohin wir immer gehn,
bis wir auf Heimatboden
an ihren Gräbern stehn.

Der Winterstürme Wüten
Kreuz, Stein und Mauern trifft;
der Frost zerstört die Blüten,
der Regen löscht die Schrift.

Dem Unkraut wehrt kein Zügel,
und Moos bewächst den Stein;
nun werden Kreuz und Hügel
wohl längst verfallen sein.

Wo einstmals Rosen blühten,
klagt Armut und Verzicht;
nur an den Grabesfrieden
reicht Haß und Rache nicht.

Wohl lächeln wir am Tage
und fassen neuen Mut,
doch ihre ferne Klage
dämpft aller Freude Glut.

Wir scherzen und wir singen
wohl gar im Sonnenschein,
doch ihre Klagen dringen
in jede Lust hinein.

Es folgen uns die Toten,
wohin wir immer gehn,
bis wir auf Heimatboden
an ihren Gräbern stehn.

Anna Zendulka

Kinder der Vertriebenen

Das teure Land,
wo deine Wiege stand,
ist weit.
Dein helles Auge schaut,
von früher Trauer Gram betaut,
in diese Zeit.

Dein Blick geht fern,
fern wie zu fremdem Stern
in aller Not.
Daß du so bist
und herbes Leid schon kund dir ist,
das macht der Tod.

Du sahst ihn oft;
er traf die Liebsten unverhofft
am hellen Tag;
und ihre Qual
durchdrang dein Herzlein tausendmal
mit hartem Schlag.

Nun sind wir arm,
in bittrer Not, daß Gott erbarm!
Du fügst dich still.
Dein Wunsch ist klein,
begehrst nicht Samt noch goldnen Schein,
was jeder will.

Gott ist so gut;
er hält dein Herz in treuer Hut
und segnet lind.
Dein Blick geht weit
zu ihm aus dieser bittren Zeit.
Du bist sein liebstes Kind.

Richard Zimprich

Die Vertriebenen

Wir ruhen müde aus
vom Wandern ohne Rast.
Fern sind nun Heimat, Haus
und wir nur müder Gast.

Begrüßt, zuviel, gemieden.
Was uns auch sei beschieden,
noch lieben wir die Welt,
darein wir sind gestellt.

Noch lieben wir das Leben,
das Schuldlosen muß geben
einst den gerechten Teil.
Sonst läg im Recht nicht Sinn und Heil!

Ottokar Katzer

E

Begebenheiten

Die hohe Landschaft

Eine Wanderung auf den Altvater

Erhabene Erde, du trägst mich hinauf
und gibst mir den plaudernden Bach zum Begleiter.
Er schäumt mir entgegen in eiligem Lauf
und springt wie ein Füllen vorüber und weiter.
Ich schaue ihm nach, und ein Windstoß fährt auf
und ist ein behender und prächtiger Reiter.

Geweitete Welt, die mich ruft und mir winkt
mit Dörfern und Städten im schwingenden Kreise!
Die Einbeere blüht, und der Tautropfen blinkt,
und brodelnde Quellwasser sind auf der Reise.
Sie raunen und rauschen wie Orgelton klingt,
doch keiner der Lauscher weiß Worte und Weise.

Darüber des Vogellauts jubelnder Klang,
und nahe ein Hauch wie Geruch wilder Rosen.
Lupinen verschütten sich bunt übern Hang,
und zwischen den Felsen und samtenen Moosen
verstummt nicht der nahe und ferne Gesang
der Wasser, die schäumend von Abhängen tosen.

Noch gehe ich, lächelnd der leichten Gefahr,
bergan über Stufen und Stege und Brücken.
Bald aber zerzausen die Stürme das Haar
und reiten auf hohen, gebuckelten Rücken,
wo kahlköpfig schon, ohne Alter und Jahr,
die Gipfel in Wolken dem Auge entrücken.

Ein staunender Ausruf entgleitet dem Mund -
so königlich hebt sich der mächtige Reigen!
Denn alles wird Tanz, wenn in endlosem Rund
die Berge in blaßblauen Linien steigen.
Die Erde ist hier mit dem Himmel im Bund.
Ihr Antlitz ist Größe. Ihr Atem ist Schweigen.

Hans Niekrawietz

Bergandacht

Zur Neueröffnung des Altvaterturmes
nach seiner Restaurierung am 9.9.1934

O Wanderer weile hier
in ehrfurchtsvollem Rasten! - -
Laß unten alle Lasten,
das Gieren und das Hasten - -
und lasse Gott zu dir!

Hier schlägt der Heimat Herz
und will fast überquillen.
Aus Wäldern, nächtestillen,
die Gipfel sich enthüllen
und streben himmelwärts.

Und denen, die die Pracht
der Heimat uns erschlossen,
ihr Lieben froh entschlossen
in edle Werke gossen - -
sei frommer Dank gebracht:

Indem du, Bergfreund, schwörst,
ihr heilig Werk zu stützen,
der Heimat Art zu schützen
und deinem Volk zu nützen - -
solang du ihm gehörst.

Alois Pilz

Das Marterl

Am Wegrand zwischen Strauch und Stein
ein altes Kreuz für sich allein.
Der Christus drauf verwittert, alt,
von unbeholfener Gestalt.

Vor grauer Zeit ein Bauersmann
trieb seine Pferde wütend an.
Der Wagen, vollgeladen, schwer,
kam nicht bergauf, es ging nicht mehr.

So hieb mit Fluchen und mit Schrein
der Bauer auf die Pferde ein.
Und jedes, schon vor Mühen krank,
legt keuchend sich in Strick und Strang.

Da reißt das Band, die Deichsel bricht,
es wirkt ein schreckliches Gewicht,
und was der Bauer nicht gewollt,
geschieht: der Wagen rückwärts rollt.

Und wie er sich dagegen stemmt,
stürzt er, und auf den Leib, der hemmt,
wälzt sich des Wagens schwerer Wust,
zerquetscht ihm Beine, Arm und Brust.

Das alte Kreuz erinnert dran
mit seinem Spruch: "O Wandersmann,
dem, der hier starb, schenk ein Gebet,
denk, wie das Leben schnell vergeht!"

Albert Rotter

Fragen der Sehnsucht

Denkst du noch der Bäume,
die beim Hause stehn,
all der weiten Räume,
die du einst gesehn?

Hörst du noch den fernen,
leisen Turmuhrschlag,
wenn nachts unter Sternen
alles friedlich lag?

Kennst du noch die Lieder,
die einst Mutter sang,
hallt es dir noch wider,
was dereinst erklang?

Siehst du noch den Vater
auf den Feldern mähn,
unsern schwarzen Kater
nach den Vögeln spähn?

All das ist vergangen,
liegt schon weit zurück.
Und doch: mein Verlangen
ruft nach jenem Glück,

ruft nach jener Heimstatt,
die ich oft besang:
Heimat, liebe Heimat,
nach dir ist mir bang!

Herbert Gröger

Die Sage vom Bradelstein

Die Nacht war schwarz und drückend,
kein Sternlein konnt' man sehn,
da blieb der Teufel wütend
im Bradelwalde stehn.
Er will am Bergesrücken
ein Teufelswerk erbaun
aus lauter Felsenstücken,
wie keines noch zu schaun.

Der Teufel schleppt die Blöcke
und fügt Gestein an Stein,
und riesig wächst die Treppe
in schwarze Nacht hinein.
Und Gott erblickt das Walten;
er fährt sich wild ins Haar
und zieht die Stirn in Falten,
denn alles wird ihm klar.

Er nimmt die schärfsten Blitze
aus seines Himmels Schrein
und schleudert Licht und Hitze
in Satans Werk hinein.

Zerborsten sind die Stiegen,
zertrümmert ist das Werk,
die Blöcke rolln und fliegen
hinab den steilen Berg,
und von dem Werk des Schlechten
blieb nur der Sockel stehn;
bedeckt mit Farn und Flechten,
ist er noch heut zu sehn.

Pospischil

Poalmsonntich

Gieht's of Ustern, of die Feiertage zu,
wollig kläne Katzla on a Weida hänga.
Do gebt die Grußmutter 'm Enkala käne Ruh,
ond Seffla muß ihr a poor fresche Zweigla brenga.

Gor liebevoll hält sie se zittrig ei a Hända
ond denkt vielleicht zureck an frühere Zeit;
a klänes Straißla fängt se on daraus zu benda,
fir a Kerchgang macht sie sech bereit.

Ei tiefer Ondacht kniet se vorm Altare,
dar alde Pforrer ihr die Weidakatzla weiht.
Die zwei, die kenna sech schon viele lange Johre;
ju, ju, mei Mutterla, a su vergieht die Zeit!

Derhäme bei ihr ein Ausgedengstübla on der Wand
a schlichtes Albendorfer Kraizla hängt.
Än Zweig aus ihrer obgearbta welka Hand
voll Zuversicht sie dem Erlöser schenkt.

Alfred Habicht

Die Reiter Gottes

Osterglocken verkünden der Welt:
Alleluja! Tedeum laudamus!
Saatreiter ziehen durch keimendes Feld. . .
Alleluja! Tedeum laudamus!

Der erste trägt schweigend das Kreuz voran:
Alleluja! Tedeum laudamus!
Dann folgen die anderen, Mann für Mann.
Alleluja! Tedeum laudamus!

Sie breiten den Segen auf schimmernde Saat:
Alleluja! Tedeum laudamus!
Du Scholle der Heimat, du bist voller Gnad'.
Alleluja! Tedeum laudamus!

Die Saatreiter stehen am Kirchentor.
Alleluja! Tedeum laudamus!
Da jubelt und jauchzet der ganze Chor:
Alleluja! Tedeum laudamus!

Lieselotte Klopp-Salinger

Heimatlicher Saatenritt

Den Zauberstab der Frühling schwingt
ob Tal und Flur und Lehnen,
des Wachsens Wunderwerk erzwingt
der Winterfesseln Dehnen;
schon webt die Weide sich am Rain
ihr Blütenkleid im Sonnenschein.
Des Weges wallt ein Reiterhauf;
Ernst liegt auf Männermienen,
und Weihe hemmt der Rößlein Lauf,
daß sie in Demut dienen.
Und Saatengrün, vom Weg umsäumt,
durch Licht und Lenz schon dämmernd, träumt.
Manch heiß Gebet vom Herzen kommt:
"O Herr, gib uns Gedeihen.
Gib Sonn' und Regen, wie es frommt.
Und Milde gib im Maien;
und, Herr, laß unsrer Heimat Art
in Nacht und Not nicht unbewahrt!"

Hans Heller

Der Sturm

Hu, wie der Schneeberg düster schaut,
wie's wild um seinen Gipfel braut!
Nun fährt es an den Hängen nieder,
verliert im Wald sich, fängt sich wieder
und bahnt in grenzenlosem Hassen
sich immer wieder neue Gassen.
Verängstigt zittern Mensch und Wurm,
es kommt ein Sturm.

Und wie er mählich tiefer sackt,
hat er die Linde schon gepackt.
Nun trägt er seine Wut von oben
ins Dorf herab, um hier zu toben.
Er reißt die Ziegel von dem Dache,
er peitscht im Hof die Wasserlache,
die Tanne vor dem Garten knickt,
von ihm erdrückt.

Da hemmt nun etwas seinen Lauf,
der Urlich reckt sich vor ihm auf.
Mit seiner ganzen Wucht und Größe
stemmt er sich gen des Sturmes Stöße.
Soll er nur kommen und soll's wagen,
Sturmrösser hier herauf zu jagen.
Er treibt sie grimmig, Wut im Blick,
ins Tal zurück.

Allein so bändigt man ihn nicht.
Auf seine Opfer zäh erpicht,
rast er im Dorf nur durch die Gassen,
um neuen Anlauf so zu fassen,
und mit dem noch vermehrten Grimme
stürzt er sich auf des Berges Kimme.
Er jagt mit Urgewalt dort hoch
und schafft es noch.

Ach, wie es ringsum tobt und saust!
Der Kranz des Waldes wird zerzaust,
wie sich die Bäume auch dort biegen,
zerbrochen werden viele liegen,
entwurzelt auch in kreuz und quere.
Heut tobt er noch mit ganzer Schwere;
doch morgen ist es, so Gott will,
dann wieder still.

Albert Rotter

Die Sonnenuhr

Ort des Geschehens: Jauernig

Im Zwiegespräch mit Mutter Rabe,
der alten Straßenkehrerfrau,
die hochbetagt, mit seltner Gabe
in Denk- und Mundart altersgrau,
frug jüngst ich, was das wohl bedeute,
der Rüstungsbau am Kircheneck,
just an der Sommer-Sonnenseite.
Weshalb geschah's? Zu welchem Zweck?

"Sie reda wohl dort vo jänn Bratrn?
Ju wessa sä, do nuff, do sohl
dar Molr Bauch midm Pensl klattern,
scherr ruff und nonder fufzichmol;
doas is jo mit dar Arbt, dar dechta,
schont a Getoalke har und hin;
ar soll die Sunnuhr wiedr rechta,
weil sä woar nächta stiehn gebliehn!"

Willibald Theiner

Die Quelle
zu Ullersdorf

Tief herab von altersgrauen
Bergeshöhen, rauh und kahl,
dehnt sich, herrlich zu beschauen,
weit hin ein gesegnet Tal:
Berg und Hügel, Wald und Wiese
formen es zum Paradiese,
Segen spendend, ringsum - hell
sprudelt der Gesundheitsquell.

Als der Fluten Kämpfe schwiegen,
himmelhoch die Berge stiegen,
neu die Erde war gestaltet,
hat sich dieses Tal entfaltet,
wo aus dunklen Moores Schoß
eine warme Lymphe floß.

Lange pflegten dort Najaden
traulich und geheim zu baden;
denn der Sonne heiße Gluten
drangen nicht zu diesen Fluten,
die herauf dort heilend treten
aus dem Schoße der Sudeten.

Doch als Vesten sich erhoben
auf den Heimatbergen droben,
Ritterwort und Minnelieder
tönten durch die Gaue nieder:
ward der Quelle einsam Rund
durch ein Tier den Menschen kund.

Und es flog die frohe Kunde
von der Quelle in die Runde;
Scharen hoffnungsarmer Kranken
sah man hin zum "Tümpel" wanken,
Ullersdorf - eh kaum gekannt -
ward nun allgemein genannt.

Was er längst schon aufgegeben,
sah der Mensch jetzt schöner leben;
staunend sah er nach den Mooren -
denen, so wie neugeboren,
rasch und rüstig selbst zum Krieg -
ein verstoßnes Tier entstieg.

Schwach auf ihre Kraft noch bauend,
tauchte man, nur halb vertrauend,
Kranke, - fast erstorbne Glieder
in die warmen Fluten nieder.
Und was zweifelnd man gewähnt,
fand sich mit Erfolg gekrönt.

Wem des Friedens süße Früchte
auf umstürmter Lebensflur
Gram und Leiden brach, der flüchte
in die Arme der Natur.
Neue Knospen werden schwellen,
neue Blüten werden quellen,
neu geschmückt im lichten Raum,
hebt sich stolz der Lebensbaum.

Franz Hauser

Die Gräfenberger Wasserkur

Menschen kamen, ungezählt,
haben hier geweilt;
Tausende, von Leid gequält,
fühlten sich geheilt.

Mancher anfangs schien entsetzt,
fragt' erstaunt: "Was, nur -"
anstatt Pillen, die er schätzt,
"eine Wasserkur?"

Doch zur Prießnitz-Kur den Weg
fanden alle wieder,
zeigten als Erfolgsbeleg
ihre eignen Glieder.

Leopold Patzelt

Das Wunder

Ein Mann, der in die Kirche geht,
besieht das Wirtshaus, das da steht.
Obzwar er zum Gebete will,
hält er vor dem Gebäude still,
und mit dem Vorsatz, sich zu eilen,
will er nur kurz darin verweilen.
Der Durst erwacht, kaum daß er jetzt
den Fuß zum Eintritt angesetzt.
Der Alkohol macht froh und heiß
zur Winterszeit, wie man doch weiß -
und unterbindet die Gefahr
der Krankheit, die im Anzug war.
Der Mann, dem sowieso nicht wohl,
nimmt prophylaktisch Alkohol
und geht, als auch die Kirche aus,
gesundet aus dem Einkehrhaus.
Man sieht, daß Gott die Wunder schenkt,
wenn einer nur fest an sie denkt.

Walter Haage

A frommer Wunsch

Dar Schusterseff sturb ei dr Nacht.
Ar hoatt a bieses Weib;
doas Schempfen oalle Tage wor
ihr liebster Zeitvertreib.
Etz raatzt se ond hört niemeh oof
ond brengt kä Wort avir.
De Schwaster von 'r mäant, doaß noch
doas Harz wird brachen ihr.
De Schwaster frogt em jäs ond doas
ond wur doann schon org bies.
"Du mußt doch säan, wie du oalls willst,
wie's met dar Leiche ies?
Met 'n Sorch, met 'n Pforrn ond met dan Kranz
ond met dar Schleife droan,
ond woas de fir a Sprüchla willst
fir Seffen, deinen Moan."
Doas Weib, doas joomert: "Schreibt halt droff,
doaß mrsch gutt leasen koann:
Ruhe in Frieden, liebster Seff,
bis mer ons wiedersahn!"

Sophie Mildner

Die Krokerliese

Eine Sage aus dem Graupatal zwischen
Hannsdorf und Mährisch-Altstadt

Hui, wie es pfeift! Die Äste knacken,
als wären alle Teufel frei.
Die Pferde müssen sie noch packen,
die Höhe in der Krokerei.
Ist sie nur glücklich überwunden,
geht's flott auf freier, guter Bahn.
Die Fracht kommt dann nach kurzen Stunden,
so wie erhofft, in Hannsdorf an.

Der Kutscher flucht, die Hiebe fallen,
am Pferde kühlt er seine Wut.
Der Huf muß sich im Stein verkrallen,
dann schaffen sie's, und das wär' gut.
Doch sieh, die sonst so munter traben,
als hätt' der Wagen kein Gewicht,
sie zeigen heut ein fremd Gehaben
und sträuben sich und wollen nicht.

Ist es der Wald, des Sturmes Toben
in dieser finstern Herbstesnacht?
Sie kamen sonst doch leicht nach oben,
der Berg hat ihnen nichts gemacht.
Der Kutscher hilft, greift in die Speichen
und schaut dabei einmal zurück.
Da, alle Kraft will ihm entweichen,
voll Grausen wendet sich sein Blick.

Es hängt ein Weib an seinem Wagen,
gespenstisch weht im Sturm das Haar.
Jetzt weiß er, was die Uhr geschlagen,
das Kreischen macht ihm alles klar.
Die Krokerliese kam geschlichen,
sie treibt ihr dunkles Wesen hier.
Den Pferden ist die Kraft gewichen,
das Teufelsweib lähmt Mensch und Tier.

Sie hängt mit Zentnerlast am Wagen,
den abgehetzte Pferde ziehn,
und du magst bitten oder schlagen,
sie schaffen's nicht, sie werden hin.
Etwas Geweihtes kann nur retten,
wie du auch selber bebst und bangst.
Vor dem, wie vor geweihten Stätten,
hat auch die Krokerliese Angst.

Der Kutscher reißt vom Hals entschlossen
das Kreuz, das er dort immer trägt.
Es ist aus purem Gold gegossen,
geweiht, daß es den Teufel schlägt.
Er wirft es auf die Krokerliese,
hu, wie ihr Kreischen schaurig hallt.
Sie flieht. - Das Pferd zieht wie ein Riese
und aufwärts geht es durch den Wald.

Albert Rotter

Dr Gemeinderoat

"Du, Emil", säht Willem, "woas ihr oalles macht,
ihr setzt doch und sauft bloß bis tief ei die Nacht.
Ei eierm Gemeinderoat, doas koann man sähn:
Die Hälfte sein Esel, und goar nie zu klän!"

Oals Emil doas härte, do woar's bald geschahn.
"Die Hälfte sein Esel? Doas waber noch sahn.
Du nemmst doas zerecke, sonst zeig ich dich oan!"
Und Willem, woas macht dar? Dar denkt goar nie droan.

Asu koam ar zum Rechter, do woar ar ganz klän.
"Doas nemmts du zerecke, doas koann ich dr sähn!
Die Zeitung soll's schreiba, die brengt doas gruß raus,
do sahn's oalle Leite. Und jetzt mach dich naus!"

Und Willem ließ drucka: "Ich hoa woll gesäht,
die Hälfte sein Esel. Doas tut mer jetzt lääd.
Ich nahm doas zerecke, und deshoalb erklär ich:
Die Hälfte sein käne Esel, und doas mähn ich ehrlich."

Adolf Sohmen

Eim Posche

Dr Hannes schleicht eim Posche rem,
ma kennt jo diese Brieder.
Ar treibt doas Stahla goar zu schlemm,
und groade heite wieder.

"Die Fichte do, die nahm ich mit,
sie ist zwoar ziemlich decke.
Ich hoff' jo, doaß mich känner sitt!
Ich gläb', heit hoa ich Glecke.

Die sag ich oab und load' se uf,
die Roadber ward woll haala.
Jetzt schnell ang Reisich ubadruf,
kä Mensch merkt woas vum Stahla."

Doch glei ang später, immerzu,
do ploogt ihn sei Gewessa:
"Du host a Färschter, gib's doch zu,
oaf deitsch gesäht beschessa!"

Do gieht ar halt zer Beichte hin,
doroan will ar sich haala.
Hochwürden sprecht: "Doas is nie schien,
eim Posche Bääme stahla.

Goar viele Leite, hierstes nie,
die wella domit proahla!
Du ahler Esel, schamst dich nie?!
Oals Buße mußte zoahla!

Es is jo käne gruße Loast:
Femf Mark, doas ward woll länga.
Wenn du kä Klägeld bei dir host,
dann koannstes speter bränga."

"Doas zoahl ich schon, doch denk ich mir
- do draußa stieht mei Wäänla -
ich zoahl glei zahn Mark, und derfür
hull ich mer noch a Bäämla!"

Adolf Sohmen

Fuhrmannstein

Eine Ballade aus dem Altvatergebirge

Heut gewittert's. Überm Berg
steht das Wetter wie ein Riese
vor dem Zwerg -
rot vor Wut und aufgeblasen.
Auf der Heide glüht der Rasen,
und in allen Rispen zittert's.
Heut gewittert's.

"Schließt die Fenster und die Türen!
Hui, das war ein Blitz, Gevatter!
Das Geflügel aus dem Gatter,
und den Fritz zum Stalle führen!
Noch ein Wagen? Rasch, spannt aus,
nehmt erst einen Trunk im Haus,
und dann wieder: Gott befohlen!"

Doch der Fuhrmann wischt den Schnauz:
"Hab' ich meine Zeit gestohlen?
Seid ein sonderbarer Kauz!
Krug her, Wirtshaus, das tut gut!
Frischt den Mut und kühlt das Blut -
und man trinkt sich ehrlich satt.
Muß bis Mittag in die Stadt!
Meine Fuhre Brot ist schwer!
Wetter hin und Wetter her!"

Peitschenschlag. Ein kurzer Gruß.
Weiter ächzt der Wagen. "Brauner, hü!
Wart, ich helf' dir, Biest, verdammtes!"
Blitz und Schlag. Im Westen flammt es,
und mit breiten Wolkentatzen
jagt der Donner Feuerkatzen
durch den Wald.
"Bald
müssen wir die Höhe haben!

Wie das schüttet! Ganz begraben
liegt der Weg. Nur Lehm und Stein.
Mag der Teufel Fuhrmann sein!
Sieht die Hand nicht vor den Augen!
Mag das Brot dem Satan taugen:
Hier wird alles abgeladen.
Laib um Laib. Kommt es zu Schaden,
mag's die rote Hölle fressen!

Unterdessen
will ich hier im Wagen hocken. . .
Hoppla, hier der erste Brocken!
Patsch! Das fuhr ja in den Dreck
wie das Mäuslein nach dem Speck.
Mag es liegen!
In der Not
frißt der Teufel Fliegen.
Wieder einer! Mehr und mehr,
Wetter hin und Wetter her!"

Flammt der Himmel wie am Tag,
dröhnt der Wald von e i n e m Schlag,
steht die Welt voll Feuer.
Kutscher, Wagen, Roß sind Stein,
ehernes Gemäuer. . .
Einmal dann, am Jüngsten Tag,
löst sich draus ein Peitschenschlag
und des Pferdes heller Schrei.
Gläubig Volk
schlägt ein Kreuz und schleicht vorbei.

Bruno Hanns Wittek

Krippenspiel

Die Kirche schweigt. Der Orgel Klang
bricht sich harmonisch an den Wänden,
um hallend im Akkord zu enden,
bis in der Stille er ertrank.

Und um der Ampel heil'gen Schein,
gelockt von himmlischen Gewalten,
sich zarte kindliche Gestalten
zu frommem Spiel zusammenreihn.

Schlicht fällt von ihrem Mund das Wort.
Gespart und knapp sind die Gebärden.
Und doch - ein zaubervolles Werden
reißt sie, sich selbst erhebend, fort.

Ist das noch Spiel, das sie beglückt?
Ein göttlich Licht strahlt von den Mienen,
ein gläub'ger Glanz geht aus von ihnen,
ein Schein, der eine Welt verzückt.

O keusches Feuer! Senke rein
durch dieses gläubige Bestreben
dich friedvoll in das junge Leben
mit ganzer Innigkeit hinein!

Otto-Hans Klein

Skifahrt

Die Höhe nun! - Die Riemen festgezogen,
das Auge wach, auf daß es nicht verfehle
im Sturm den Weg - Lustschrei aus voller Kehle,
pfeilgleich hinab, durch Schnee und Waldeswogen.

Und wie ein Pfeil, vom allzustraffen Bogen
hinweggeschnellt, entfloh auch meine Seele
der trüben Werkstatt lastendem Geschwele
und ist so fast sich selber fortgeflogen.

Von meinem Haupte löst sich ein Gewicht;
die Blicke schweifen leuchtend in die Ferne:
Im milden Licht der ersten Abendsterne

seh' ich der Gottheit großes Angesicht.
Aus der Natur jungfräulicher Enthüllung
blüht meinen Träumen seligste Erfüllung.

Wilfried von Proskowetz

Beim Federnschleißen

Wenn die Nacht sich senkt von oben,
wenn die Winterstürme toben
und an Tür samt Fenstern reißen,
dann ist's schön beim Federnschleißen.

In dem wohldurchwärmten Zimmer
sitzen sie am Tisch wie immer:
Nachbars Frieda, Breuers Lene
und noch manche andre Schöne.

Sachte haben in der Runden
sich auch Burschen eingefunden,
weil sie von dem Schleißen wußten.
Leider plagt sie sehr der Husten.

Kaum liegt auf dem Tisch ein Haufen,
müssen sie gewaltig schnaufen.
Federn fliegen in die Höhe,
und die Breuermahm schreit: "Wehe!"

Nur die Mädchen lachen wieder,
denn sie kennen schon die Brüder;
drohen gleich mit Fingerschwenken:
"Wer noch pustet, muß was schenken!"

Schreit gleich Fred: "Bei solchen Dingen
müßtet ihr uns etwas singen;
denn sonst - daß ich's nicht verhehle -
kitzelt es uns in der Kehle!"

Wieder lachen sie im Kreise.
Aber dann erklingen leise,
ach, die altvertrauten Lieder,
die sie oft schon sangen, wieder.

Und die Alten horchen, brummen
und versuchen mitzusummen,
träumen über alle Weiten
von den längst vergangnen Zeiten.

Albert Rotter

Schlittenfahrt in Schlesien

Mit den Schimmeln hin im Trabe,
und die Schlittenglocke schellt.
Wieder bin ich jener Knabe,
der die Kutscherpeitsche hält.

Vor uns auf der Deichselspitze
tanzt ein roter Feuerball,
funkeln rote Sonnenblitze
um der Schlittenschellen Schall.

Und ich blinzle in das Glühen,
Flocken klingen glockenleis.
Jeder Strauch will glitzernd blühen,
um die Kufen singt das Eis.

Neben mir, mit einem grauen
Rauhreifbart um Mund und Kinn,
sitzt mein Vater, und wir schauen
in die rote Sonne hin.

Ach, ich weiß noch, wie sie näher,
feurig immer näher kam,
bis sie aus dem Wald ein Häher
in den spitzen Schnabel nahm

und sie forttrug, flügelschnelle,
hinterm Walde losch sie aus.
Lang noch klang die Schlittenschelle
durch die Winternacht nach Haus.

Friedrich Bischoff

Bauernschicksal

Auf unsern Äckern steht ein Pflug,
seit uns das harte Schicksal schlug;
steht einsam dort seit Tag und Jahr,
verrostet ist des Pfluges Schar.

Die Distel rankt um Sterz und Rad,
die Erde lechzt nach neuer Saat,
nach Saat, die nicht der Wind verweht,
die wieder fromm der Bauer sät.

Wie er es immer schon getan,
und vor ihm Ahn und wieder Ahn
auf eignem Grund, mit eigner Hand,
zu Nutz und Preis dem Heimatland.

Er schnitt das Korn, da floh die Not,
es roch die Welt nach Bauernbrot,
er flocht im Herbsttags-Sonnenglanz
den ährengoldnen Erntekranz.

So war es einst; wie ist es jetzt,
seit man ihn aus dem Land gehetzt?
O fragt nicht erst! Das Land ist wund,
verkrautet wirr der Vätergrund.

Der Fremde hat das Land nicht lieb,
aus dem uns Neid und Haß vertrieb.
Stumpf ist die Schar an seinem Pflug,
auf seinen Händen lastet Fluch!

Der Acker will den Fremden nicht.
Wo Gott nicht seinen Segen spricht,
dort ist die Erde nicht bereit,
daß gute Frucht auf ihr gedeiht.

Wie dir, nach dem sie sehnend schreit?
Verzagst du noch? Es kommt die Zeit,
wo du im Heimatsonnenglanz
ihr windest deinen Erntekranz!

Richard Hauptmann

Klein-Herrlitz

Wer weiß, ob ich euch später wiederfinde,
dich, liebes Dorf, und dich, mein Ahnenhaus.
Es zog mein Vater einst aus dir hinaus,
doch gab er mir schon, seinem ersten Kinde,

die Ehrfurcht ein vor unsrer alten Linde.
Im Sommer kamen wir von Wien heraus
und fühlten uns im großen Hof zuhaus
bei unsren Lieben und dem Hausgesinde.

Wir spielten mit des Dorfes wilden Rangen
und tollten um bei Sonnenschein und Sturm
mit braungebrannten, arg beschmutzten Wangen.

Wir fanden Pilze und so manchen Wurm,
sind gern in Busch und Feld hinausgegangen
und stiegen auf der Kirche Zwiebelturm.

Robert Hampel

Der Untergang von Burg Forchteberg

(Ruine Neuhaus)

Heut gilt das ganze Augenmerk
der traurigen Geschichte
des Falles von Burg Forchteberg,
die ich hier kurz berichte.

Wie stolz sie doch von Bergeshöh'
in Marchtals Aue schaute!
Sie ahnte noch nichts von dem Weh,
das schon im Nebel braute.

Heiß tobt der Kampf der Rittersleut',
wo March und Teß sich einen.
Wie viele Mütter beten heut
und wieviel werden weinen?

Burg Forchteberg, ein steinern Stück,
sie harrt der tapfern Mannen.
Bald kehren sie vom Kampf zurück,
sie zogen stolz von dannen.

Was gilt es, wer wird Sieger sein?
Sind's Ungarns Reiterscharen?
Die ersten Boten treffen ein,
die dort im Kampfe waren.

Oh, es steht schlimm! Drum, Wächter, hör,
die Zugbrück laß herunter!
Schutz braucht bald ein geschlagen Heer,
sonst gehen alle unter.

Blitzt es im Walde drüben hell,
kann nur noch eines nützen.
Die Tore öffne ihnen schnell,
sie vor dem Feind zu schützen.

Der Wächter, der am Tore wacht,
starrt bange in die Ferne.
Dort nahen sie noch vor der Nacht,
er öffnet ihnen gerne.

Und wie der Sturmwind stiebt's herein
und füllt den Hof, die Gänge.
Das können nicht die Unsern sein,
fremd ist das Wehrgehänge.

So mancher stirbt den raschen Tod
von eines Feindes Degen.
Was hier der Irrtum lohnend bot,
den Ungarn kommt's gelegen.

Und einer wirft mit rascher Hand
hoch in des Daches Sparren
der Flamme glühend heißen Brand,
daß rot die Wände starren.

Und gierig zieht der Flamme Bahn
sich hin zum Pulverturme,
und niemand wehrt und hält sie an
in dem Vernichtungssturme.

Da, horch, ein Schrei und dann ein Schlag,
als ob die Himmel wanken!
Ein Bersten, Krachen, Nacht und Tag,
wie höllische Gedanken!

In Trümmer sinkt der stolze Bau.
Nur rauchgeschwärzte Mauern,
heut schon verfallen, alt und grau,
die stehn und überdauern.

Albert Rotter

Der Tod des Kardinals Bertram

(6. Juli 1945)

Zu Jauernig im Schlosse
die Sonne stieg zu Tal,
da saß gebeugt im Sessel
der greise Kardinal.

Fern seiner Metropole,
der Dom zerstört, verbrannt,
so saß der greise Erzhirt;
es schrie das schles'sche Land.

"Du Hirte, schütz die Herde!"
So rief das arme Volk.
Doch anders als die Menschen
der Herrgott hat's gewollt.

Stumm saß der greise Bischof,
gebeugt von Gram und Schmerz;
und eh der Tag vergangen,
stand still des Bischofs Herz.

In deiner schwersten Stunde,
du armes schles'sches Land,
da brach die letzte Säule,
auf der dein Hoffen stand.

Zu Jauernig im Schlosse
die Uhr, sie schlug die Zeit.
Der Hirt saß tot im Sessel.
Die Herde war zerstreut.

Albert Sauer

Sankt Annatag 1945 in Freiwaldau

Sankt Anna war's, ein schwarzer Tag
in jenem Schreckensjahre,
da unser Volk man weggejagt
wie bill'ge Händlerware.

Ob Greis, ob Kind, es war ganz gleich:
im Rucksack ihre Habe,
das, was die Raubgier ihnen ließ
vom Eigenen als Gabe.

Wie Vieh, das man zum Schlachten treibt,
trieb man das Volk zusammen.
Die Sonne brannte glühend heiß.
Was wird? - Ein hartes Bangen.

Der Abend kam, da ging es fort,
fort aus dem Heimatfrieden.
So trieb der Tscheche unser Volk.
Am Wege alle schwiegen.

Was ist das für ein Wallfahrtszug,
man hört kein Lied, kein Bitten?
Doch mitten drin mit einem Kreuz
ein Priester kommt geschritten!

Ob Mann, ob Frau, ob Greis, ob Kind,
der Fremde hat's befohlen;
selbst einen Priester, bleich sein Haar,
auch ihn, ihn tat man holen.

Schwer ist der Gang von Hause weg
hin über das Gemärke.
Still weint das Volk, der Priester spricht:
"Herr, unsre Kraft und Stärke."

Der Zug war lang, schwer war das Kreuz,
das jeder hatt' zu tragen.
Es schien, als ging' der Herr voran,
mit seinem Kreuz beladen.

Wir folgen Dir, Herr Jesu Christ,
in Kreuz und allem Leiden.
Und wissen, auf den schwarzen Tag
folgt Osterlicht und Freuden.

Albert Sauer

Gespräch der Berggeister

- 1945 -

Das schlesische Land beut ein düsteres Bild:
Die Gipfel sind gänzlich in Wolken gehüllt;
es kündet des Donners dumpfhallendes Rollen,
daß alle Geister der Berge grollen.
Beim wetterleuchtend grell zuckenden Strahl
dröhnt's: "Hörst du mich, wackerer Rübezahl?"
Der Zobten kündet mit grimmigem Lachen:
"Man will mich zum polnischen Berge machen,
mich, den schon germanische Silinger kannten
und mich ihre 'heilige Höhe' nannten!"
Des Riesengebirges schirmender Geist
die dräuende Keule schwingend kreist.
"Ich habe der Bojer Heim treu beschützt -
und alle Fürsicht hätt' nichts genützt?
Denn für mich gibt's einen häßlichen Haken:
Vorn stürmen Hussiten und hinten Polaken!
Wie aber läßt zu solch teuflischen Dingen
der Altvater seine Register erklingen?
He, Alter vom Berge, schläfst du vielleicht,
hat etwa das Schicksal dich nicht erreicht?"
Erst gab es ein laut und vernehmlich Rumoren,
darauf gellt den Fragenden scharf in die Ohren:
"Mich trifft es, ihr Freunde, unsagbar schwer;
denn slawischer Laut tönt rund um mich her.
Indessen hat's Quaden, die seßhaft sogar
von Ahnen zu Ahnen an tausend Jahr'
in meinem Reich, unter schützender Hand!
Und wo mein Gebiet grenzt an ebenes Land,
dort steht, umschanzt von steinernem Wall,
der Burgberg als mein getreuer Vasall.
Er sah in grauer Vorzeit die Kelten,
er sah die Germanen mit Haus und Gezelten;
noch heut entspringt an historischer Stelle
seit alters eine geheiligte Quelle.

Die Deutschen hat man wohl ausgetrieben;
wir aber, Freunde, sind hier verblieben
und wollen, wie es Verpflichtung der Alten,
den künft'gen Geschlechtern den Boden erhalten.
Auf ein Jahrhundert kommt es nicht an,
die Erde ist rund und wechselnd die Bahn;
es ändert sich manches im Leben und Streben,
drum wird's auch hier andre Zeiten geben.
Was jetzund geschehn, das zeigt sich bei Lichte
erbarmungslos einst in der Weltgeschichte."
Und neuerdings kündet des Donners Rollen,
daß alle Geister der Berge grollen;
die Gipfel sind weiter in Wolken gehüllt:
Das schlesische Land beut ein düsteres Bild.

Wilhelm Urban

Sei mein Bote, Abendwind!

Sei mein Bote, Abendwind!
Wenn du, frei wie Winde sind,
küssen darfst der Erde Sand
fern von mir - mein Heimatland.

Bringe, wenn du kehrst zurück,
mir der Heimat Duft und Glück,
streichle mir, dem kranken Kind,
Stirn und Scheitel, mild und lind.

Bei des Abendwindes Lied
träume Heimat, wund und müd,
schlafe, träume durch die Nacht,
bis der Freiheit Tag erwacht!

Johann Tschöp

Altvaters Heimweh

Altvater, der Berggeist, lebt noch und wacht,
so träumte mir kürzlich einmal.
Er schickt noch durch rauschender Wälder Pracht
seine Quellen zu Tal.

Er trägt auch den Mantel aus Silber noch,
den Stirnreif aus Edelstein,
den goldenen Hammer - und doch und doch:
Altvater ist allein.

Nur seine Tiere in Feldern und Wald,
die kennen des Bergkönigs Leid.
Sie schauen seine verhärmte Gestalt:
"Heilt ihn jemals die Zeit?"

Er tritt in verfallendes Häuserreich -
und wo gar ein Mensch ihm erscheint,
will er sich freuen und fragt ihn auch gleich,
wendet sich ab - und weint.

Beim Heidebrünnl sitzt er dann oft,
wegmüd und verträumt wie ein Kind.
Gott weiß allein, was er betet und hofft
und auf Ruinen sinnt.

Margareta Pschorn

Geisterwache

In den hellen Vollmondnächten
steiget aus des Friedhofs Schächten
eine große, stille Schar.
Und in lautlos stillem Schreiten
meine Heimatstadt durchgleiten
all die Toten unsichtbar.

Und sie lauschen an den Wänden,
öffnen leicht mit Geisterhänden
jede Tür in ihrem Haus,
halten Rast in jedem Raume.
Und der Fremde stöhnt im Traume,
der den Erben trieb hinaus.

Ohne Pause, ohn' Ermatten
halten unsrer Ahnen Schatten
in der Heimat treue Wacht.
Teure Erde, schlaf und harre!
Währt es auch noch viele Jahre -
Tote hüten dich bei Nacht.

Seid geduldig im Ertragen!
Einmal wird die Stunde schlagen,
die wir schon so lang erflehn.
Lacht die Heimat uns aufs neue,
darf die stille und getreue
Geisterwacht zur Ruhe gehn.

Frieda Walter

Verlorene Geige

Dort in meiner Ahnen Land
hielt ich oftmals eine Geige
liebevoll in meiner Hand.

Klingt sie noch? - O ja! Ich neige
tief mein Haupt zur Erde nieder;
denn es dringen Sehnsuchtslieder
wieder mir an Herz und Ohr. . .

Geige, liebe alte Geige,
daß ich dich verlor!

Deiner Saiten Zauberweisen,
des Gehäuses voller Klang
kosten einst mit ihrem leisen,
ihrem zarten Tongesang
mich in meiner Heimat Auen.

Aber alles ist dahin. . .

Ach, wie leer sind meine Hände,
und mein Herz ist krank und wund.
Wenn ich dich nur wiederfände,
drückt' ich dich an meinen Mund. . .

Geige, liebe alte Geige,
daß ich dich verlor!

Waltraut Karas-Welzl

F

Im Jahreslauf

Das neue Jahr

Es pocht ganz leis ans Fensterkreuz,
will eingelassen sein.
Vorsichtig öffne ich die Tür,
sag' freundlich: "Komm herein!"

Wer bist Du, Fremdling? Mitternachts
sind späte Gäste rar!
. . . Und wie aus Ewigkeiten klingt's:
"Ich bin das neue Jahr!"

Was bringst Du, Unbekannter, sag',
in unsre schöne Welt?
Mein größter Wunsch, daß Frieden nur
zu Deinen Gaben zählt!

Olga Brauner

Neujahrsgebet

Und wieder geht ein Jahr dahin -
ein Jahr der Freud', des Leides.
Gib, Vater, mir den rechten Sinn,
daß ich von Herzen dankbar bin
für beides!

Und schickst Du, Herr, im neuen Jahr
mir Gutes oder Schlimmes:
Ich bin Dein Schuldner immerdar,
und forderst Du mein Leben gar -
So nimm es!

Nur - laß mich an der Zeiten Tür
nicht um die Liebsten zittern!
Und schickst Du, Herr, gefällt es Dir,
der Kelche zwei - so reiche mir
den bittern!

Louis Karschin

Jugendland

Die Kerzen zittern blank und hell.
Die Schatten schwanken steil.
Es dehnt der Schnee sein weiches Fell.
Ein Schlittenläuten klingelt grell.
Die Stadt ragt still und heil.

Es sinkt das Jahr, das dich entläßt.
Sein Silberreif verglimmt.
Im Fenstereis, aus Firn gepreßt,
lädt Dolde schon und Farn zum Fest.
Ein Lied ist angestimmt.

Kein fremder Tisch dich fürder speist.
Du zehrst der Kindheit Salz.
Das Licht der Lampe dich umkreist.
Ein jeder Weg dich heimwärts weist
im Tanz des Flockenfalls.

Gernot Ludwig

Der frohe Landmann

(Volkslied aus Mähren)

Ich bin das ganze Jahr vergnügt.
Im Frühling wird das Feld gepflügt,
da steigt die Lerche hoch empor
und singt ihr frohes Lied mir vor.

Nun kommt die liebe Sommerszeit;
dann ist mein Herz gar hoch erfreut,
wenn ich vor meinem Acker steh'
und so viel tausend Ähren seh'.

Ich schau' im Herbst die Bäume an,
seh' Äpfel, Birnen, Pflaumen dran,
und sind sie reif, so schüttl' ich sie;
der liebe Gott lohnt meine Müh.

Nun kommt die kalte Winterszeit;
da ist mein Häuschen tief verschneit,
das ganze Feld ist kreideweiß
und auf den Wiesen nichts als Eis.

Verfasser unbekannt

Mariä Lichtmeß

Der Tag beginnt heut merkbar schon zu langen.
Mein altes Herz wird wieder froh und jung,
macht mit der Sonne einen weiten Sprung,
will gar mit ihr am höchsten Himmel prangen.

Die Glocken von den Klostertürmen schallen.
Mariä Lichtmeß läuten sie heut ein!
Bald wankt der Winter vor dem frommen Schein
geweihter Kerzen, die ins Dunkle wallen.

Ich seh' im Geiste zum Altare schreiten
die reinste Jungfrau mit dem Gotteskind.
In Josefs Korb wohl Geld und Täublein sind.
Dürft' ich mit Zacharias ihn begleiten!

Ich will mit meinem Licht behutsam gehen
die breite Straße und den steilsten Weg
durch Nacht und Sturm so übern höchsten Steg,
bis ich dein Heil, o Herr, beglückt darf sehen.

Hubert Kluger

Fasching

Faschingsloft! Juchei, juche!
Hui, flieg'n de Röckla ei de Höh',
a Quoarkgesecht werd feierrot,
Grußvoater denkt nie oa sän Spoht,
ond mit'n Haxlan em de Wett'
tanzt's Harz eim Leibe a noch met.
Jo, Faschingsloft is schorfer Wend!
Verkiehl dich nie, du schienes Kend,
oaber's Harzla popel orscht nie ein -
denn ämol muß's gebrochen sein!

Viktor Heeger

Frühling daheim

Wenn's im Teßtal Frühling wurde,
lag am Altvater noch Schnee;
doch im Tal das Blütenwunder:
Schneeglöckchen wie eh und je.

Haselnuß und Weidenkätzchen,
im Versteck der Veilchen Blau -
und der ersten Stare Pfeifen
zum Erwachen in der Au.

Dann im Ullersdorfer Schloßpark
hub ein Frühlingsmärchen an,
wenn hellgoldne Sonnenlichter
hüpften übers Moos im Tann.

Olga Brauner

Frühling in den Bergen

Herber Ruch von Gartenerde
hinter moosbewachsnen Zäunen,
froher Lärm von Star und Amsel
in den grünbekränzten Bäumen.

Rings ein Sprießen und ein Blühen,
gleich als wollten eitle Zwerge
einmal zum Verwundern zeigen
Reichtum unsrer Heimatberge.

All den Ort geheimer Schätze,
die sie rastlos schürften, scharrten.
Heimattal im Frühlingsglanze:
wunderbarer Zaubergarten.

Emil Moser

Neues Blühen

Funkelgoldig neigen sich die Ähren,
Blumen säumen bunt den stillen Weg,
an dem Hohlweg blitzen rote Beeren,
frischer Wind zerzaust das Dorngeheg.

In den warmen Semmeln kühlt der Schatten,
Schwämme üben sich im Aufrechtstehn,
Friedensruh erfüllt den Forst, den satten,
auf dem Moos hört man kaum eignes Gehn.

Bei der Kesselbaude träumt die Sonne,
schweigt das Rauschen einer wilden Zeit;
Immlein, Hummeln tummeln sich mit Wonne,
und Libellen zeigen ihr Geschmeid.

Falter flattert aus des Waldes Düster.
Wie ein stiller, warmer Sehnsuchtshauch
irgendwo ein zuckendes Geflüster - -
Finklein hüpft vom Bankerl in den Strauch.

Und der Mensch, der tief erfüllt von Leiden,
Ruhe sucht im zornverwirrten Sein;
er hebt zitternd an, die Qualen zu zerschneiden
und blüht auf wie Glück im Gottesschrein.

Erwin Weiser

Heimatfrühling

So veilchenblau schimmert der Rasen,
die Knospen schwellen am Ast,
und Mutter schmückt ihre Vasen
mit Primeln und Seidelbast.

Am Fenster blühen die Weiden
und hängen die Kätzchen aus;
da kommen die Bienen und weiden
und summen dann fröhlich nach Haus.

Und tief aus den Gärten wie Gründen
dringt flötender Amselschall,
als wollten sie alle mir künden:
Der Frühling zieht ein ins Tal.

O Heimat in schimmernder Schöne,
mir warst du wie eine Braut.
Kein Mensch weiß, wie ich mich sehne;
oft steh' ich und schluchze laut.

Josef Latzel

's Wonder

Heite ging ich stockallähne
ang ain Posche har und hien,
's Friehjoahr fuhr mer ai de Bähne,
weil ich halt vom Dorfe bien!
Straicher hoatts genunk und Bähme,
's ruhrt sich nischte weit und brät,
oaber 's woar nie wie derhäme,
's toat mer recht ain Harze läd!

Ai der Fremde, stockallähne,
und ain Posche, härt mich oan,
sproach ich deitsch mit jed'n Stähne,
schlesisch, wie bersch ganne hoan!
Und a jedis aldis Wärtla,
wie mersch ai de Quare koam,
macht mer hämlich jedis Ärtla,
machte 's Harze wieder zoahm!

Goldnich soank de Sonne nonder,
ond d'r Mond stoand ieber mir,
staate, staate ging's bargonder,
's koam mer wie derhäme vier!
Thonkel woards, d'r Wend koam kiehle,
niemand toat doas Wonder stär'n,
und de Oppa und de Biele
konnd ich deitlich rausch'n här'n. . .

Franz Karl Mohr

Harz, tommes Harzle!

(Klein-Mohrauer Mundart)

Wenn die Veigele bliehn,
on die Starle tun pfeifn,
ihr Leitle, do konn ich
mei Harz nie begreifn.

Em Wenter worsch stell,
hot sich's gor nie gezockt,
etz bleit mersch bald stiehn,
bal hoppt's rem wie verrockt!

Harz, tommes Harzle,
halt gleichn Gang,
kurz is dr Frihling,
der Wenter is lang!

Ober 's Zuredn notzt nischt,
on wos konn mer mochn?
Ich los em ne Welln
ei sen ächenen Sochn.

Doch kemmt mersch hernoch
mit ar änzichn Klooch,
do sä ich kusch, kusch,
etz trä salber dei Ploch!

Harz, tommes Harzle,
halt gleichn Gang,
kurz is dr Frihling,
der Wenter is lang!

Gustav Willscher

Passionszeit

Im Tale leuchtet junges Grün
in milder Luft und Frühlingswonne.
Am Wiesenbache schon erblühn
die ersten Blumen in der Sonne.

Aus kühlen Berges feuchtem Hang
die Quellen hin zum Tale drängen;
von blauer Höhe tönt Gesang -
sieh dort die Lerch' im Äther hängen!

Vom Tal zum Schneegebirge spannt
sich seidig blau ein lichter Himmel.
Erneutes Leben ist im Land:
Wohin du blickst - ein bunt Gewimmel!

So war's daheim, als fest ihr Band
die traute Heimat um uns wand,
die ihrem Schoß entsprossen.

Heut liegst du, leidgeprüftes Land,
geraubt, gemartert, Volk verbannt,
zerstampft von Fremdlingstrossen!

Ottokar Katzer

Ostern daheim

Und immer wieder geht der Blick zurück
und sucht das Bild der längst vergangnen Tage.
Im Herzen blühte schon das Frühlingsglück,
doch in der Kirche scholl das Lied der Klage.

Die Glocken auf dem Turme blieben stumm;
sie waren weit, so weit nach Rom geflogen.
Statt ihrer Klänge ging ein Klappern um
von Jungen, die jetzt durch die Dörfer zogen.

Karfreitag! Ernst der Beter stille Schar,
nur flackernd Kerzenlicht am heil'gen Grabe!
Und was an Bußgeist in den Herzen war,
verriet der Beter düsteres Gehabe.

Doch aus des Grabes Tiefen wehte schon
geheimnisvoll ein frohes, sel'ges Ahnen
und schwamm im Weihrauchdufte still davon,
der Botschaft einen Weg ins Licht zu bahnen.

"Der Heiland ist erstanden!" scholl der Sang.
"Der Tod kann nimmermehr das Leben rauben."
Horch, wie das jubelnd durch die Kirche klang!
O wunderbarer Auferstehungsglauben!

Albert Rotter

Auferstehung

Es fiel ein Regen über Nacht
aufs winterkahle Land;
geweiht hat es zur Blütenpracht
der Herr mit seiner Hand.

Die satten Wiesen atmen auf,
der Fluß schwillt an in seinem Lauf;
die Au, das Laub im Uferwald
hat Gott vollendet hingemalt.

Die Hänge, die zur Höhe ziehn,
erfreut ein frisches Frühlingsgrün;
der Berg mit seinem Waldbestand
sitzt noch verträumt im Wolkenland.

Das Kirchlein, das am Berg gebaut,
mit in die Segenswolken schaut;
es kennt das Frühlingsauferstehn:
Gott liebt die Welt und macht sie schön!

Es fiel ein Regen über Nacht
aufs weite Frühlingsland;
der Herr hat seinem Berg gebracht
ein österlich Gewand!

Emil Ziebart-Schroth

Schmeckostern

Als kleiner Knabe ging ich gern,
es war zur Zeit der Ostern,
zu den Bekannten nah und fern
mit einer Gert' schmeckostern.

Zog an das Röcklein, weich und warm,
griff nach dem neuen Hute;
das "Pinkerl" trug der linke Arm,
die rechte Hand die Rute.

Am Wege sagt' ich mir noch her
das Ostermontagssprüchlein,
dann fiel's im Hause mir nicht schwer,
ich sprach's wie aus dem Büchlein.

Den Frauen gab ich manchen Klaps;
dann langt' ich in die Tasche,
dort hatt' ich roten Osterschnaps
in einer grünen Flasche.

Die hielt ich den Geschlag'nen hin
zu einem guten Schlucke;
dann hört' ich sie die Lade ziehn
mit einem sanften Rucke.

Und Süßigkeiten aller Art
bekam ich in das "Pinkerl",
und Ostereier, rot und hart,
verstopften jedes Winkerl.

Dann eilt' ich hochbeglückt nach Haus
und war so froh und heiter,
ich leerte schnell das "Pinkerl" aus
und lief zum Nachbarn weiter.

So ging's den ganzen Vormittag
in heller Lust mit Lachen;
am Stubentische schließlich lag
ein Berg von süßen Sachen.

Alljährlich kommst du, Osterzeit,
die Lerche singt dir Lieder;
ich denk' der Kinderzeit mit Freud',
und glücklich bin ich wieder.

Josef Schreiber

Schmeckostern

Ostermontag, freudumwittert,
war das an der Tür ein Schlag?
O wie manches Mädchen zittert,
denn es ist Schmeckostertag!

Sieh nur, was das für ein Springen,
für ein Kreischen, Schreien war,
sah man in das Zimmer dringen
schnell die frohe Jungenschar!

Weidenruten, schön geflochten,
und mit Bändchen oft verziert,
daß man, was sie nicht gern mochten,
sie auf Po und Beinen spürt.

Klopft der Junge auf die Röcke,
gibt's ein polterndes Getu.
Mädchen fliehen in die Ecke,
aber alles lacht dazu.

Dann ein Spruch noch hergestammelt
und das Ärgste ist vorbei.
Freudig werden eingesammelt
Zuckerwerk und Osterei.

Noch ein Trunk aus einer Flasche,
und dann geht es schon hinaus.
Viel hat Platz noch in der Tasche,
fröhlich drum ins nächste Haus!

Albert Rotter

Maientag

Glitzernd liegt der Morgentau
wie verstreute Diamanten.
Sonnenglast und Himmelsblau
über blütenschweren Landen!

In den Gänseblümchenwiesen
spielen Kinder Ringelreihn,
Fliederblüten und Narzissen
flechten sie ins Haar hinein.

Blühend breitet seine Äste
ein uralter Apfelbaum.
Summend wiegen tausend Gäste,
Maienwelt, dich in den Traum.

Olga Brauner

Mailied im Altvater

Es klingen die Lieder, es singet der Mai.
Mein Herz ist voll Hoffen, mein Herz ist so frei.
O Heimat, dich grüß' ich, o Heimat so schön,
die Wälder, die Fluren, die Täler, die Höhn.

Die Vöglein, sie zwitschern, es murmelt der Bach;
die Sonne, sie strahlet, der Schläfer wird wach.
O Heimat, dich spür' ich, mein Herz, es wird weit,
es atmet den Frieden, die Waldeinsamkeit.

Es duften die Blumen, es schimmert der Tau.
So grün sind die Blätter, der Himmel so blau.
Von ferne da grüßet der Altvater her,
o Heimat, dich lieb' ich, dich lieb' ich so sehr!

Albert Sauer

Juni

Juno streut mit loser Hand
Segen über Leut und Land.
Was die Göttin einst vermocht,
heut noch an die Tore pocht,
und der Juni übernahm,
was aus Junos Händen kam.

Heut noch wird um Wachstum oft
heiß gefleht, gebangt, gehofft.
Wenn die Ernte soll bestahn,
kommt es auf den Juni an.
Juniregen, wie bekannt,
bringt den Segen für das Land.

Brachmond, wie man dich auch nennt,
bleibe treu dem alten Trend,
und der Himmel, hell und klar,
segne uns auch dieses Jahr!
Frucht, Gedeihen, unser Land
legen wir in Gottes Hand.

Albert Rotter

Die Bittage

Wieder ziehen sie durchs Feld
bis zu der Kapelle,
wo der Priester segnend hält
an des Ackers Schwelle.

Und wenn er zum Himmel fleht,
schallen aus der Menge
nach dem innigen Gebet
fromme Bittgesänge.

Säen muß der Bauersmann,
aber Gott muß geben,
daß das Korn auch wachsen kann;
denn das Korn ist Leben.

Mag sich auch die Arbeitshand
noch so fleißig regen,
dürr und öde bleibt das Land
ohne Gottes Segen.

Albert Rotter

Das Erntelied

Noch lacht die Lebensfreude,
noch küßt der Sonne Glut
das matte Gold der Garben,
der Ähren lichte Flut.

Mich dünkt, es wären Küsse,
die einer Mutter Mund
dem Kind drückt auf die Stirne
in schwerer Trennungsstund.

Noch wanken schwer beladen
die Wagen scheuerwärts,
noch klingt durch Feld und Lüfte
der Schnitter Lied und Scherz.

Noch duften Wald und Garten,
der Rasen und der Rain;
stolz hüllt sich Mutter Erde
ins Kleid der Fülle ein.

Doch in der Erntewagen
dumpf ächzendem Gestöhn
hör' ich ein Lied vom Scheiden,
vom Welken und Vergehn.

Ich hör's im Hauch des Windes,
der säuselnd und bewegt,
doch oft auch zornig fauchend,
durch Stoppelfelder fegt.

Ich hör's im Ruf der Vögel,
die ihre Kreise drehn
hoch oben in den Lüften
und nach dem Süden spähn.

Es singt der Erde Fülle,
es singt der Vögel Schrei
oft laut, doch öfter stille,
das Erntelied: Vorbei.

Johann Tschöp

Johannisfeuer im Sudetenland

Wie haben sie jauchzend gelodert
zum nächtlichen Himmel empor,
umkränzend die Berge der Heimat
mit feurigem, zuckendem Flor!

Das Flackern auf rosigen Wangen,
es leuchtete weithin ins Land;
wohl ahnend das Wunder der Schöpfung,
gab Bruder dem Bruder die Hand.

In jubelnden Herzen geboren,
zum Danke, zum Gruße geweiht,
sind fröhliche Lieder erklungen
in sonniger, glücklicher Zeit.

Und wenn es dann stille geworden
ums Feuer, das niedergebrannt,
da tanzten die Nachtfalter Reigen,
als hätte die Glut sie gebannt.

Josef Kauer

An der rauschenden Teß

Welle hinter Welle eilend,
zischend, brausend, schäumend, flink,
und das Steingerölle teilend,
rauscht der Teßbach aus der Ring.

Durch das Tal, vom Wald umgeben,
schlängelt sich sein klarer Lauf,
und im Sommer bringt er Leben
in das Tessental herauf.

Tausende Touristen ziehen
durch das Tal den Bergen zu;
wenn der Großstadt sie entfliehen,
finden sie am Bache Ruh.

Blicken in die klare Welle,
die sich rasch durchs Bette lenkt,
schauen zu, wie die Forelle
lebensfroh die Mücken fängt.

Und die Brust, sie atmet freier
in dem schönen Gottestal,
wo der Sonne goldnes Feuer
weckt das Leben überall.

Doch wenn sich die Nebelschleier
um der Berge saftig Grün
weben und die Blitze Feuer
aus den finstern Wolken sprühn;

wenn der Regen wie aus Kannen
gießt, und durch des Sturmes Macht
alte hundertjähr'ge Tannen
stürzen, daß es tobt und kracht;

Wenn der Steine wildes Rollen
übertönt mit einem Mal
selbst das stärkste Donnergrollen:
wehe dir dann, Tessental!

Statt des Bächleins klar und helle
stürzt herab die dunkle Flut
und zerstört mit Windesschnelle
ärmster Menschen Hab und Gut.

Und wenn dann nach bangen Stunden
überm Tal die Sonne lacht,
Häuser, Brücken sind verschwunden
und zerstört die ganze Pracht -

müssen rührn sich tausend Hände
emsig, jahrelange Zeit,
bis das schöne Berggelände
wieder unser Aug' erfreut.

Richard Schneller

Sonnwendspruch

Wenn hoch die Flamme loht,
sagen dem Land wir Dank,
das, als wir heimwehkrank,
freundliche Heimstatt bot.

Doch über Berge weit,
Heimat, sei du gegrüßt;
die du das Liebste bist
jetzt und für alle Zeit!

Maria Thiel

Sommerlicher Tag

Der Wind fängt sich in jungen Blüten
und trägt den Staub aus ihnen fort.
Die Bienen sammeln Nektartüten
und fliegen leicht von Ort zu Ort.

Von nahen Weiden klingen Schellen
und da - vom Wald ein Kuckucksruf.
Vom Schäferhaus dringt Hundebellen,
im Felde stampft der Pferde Huf.

Das Korn wird bald geschnitten werden,
bestimmt ein reichlicher Ertrag.
Oh du erfüllte, weite Erden,
du wonnig-sommerlicher Tag!

Herbert Gröger

Sommer

Das Tor steht auf. Von draußen fächelt
der Wind herein und bläst ins Stroh.
Der Bauer auf der Tenne lächelt;
ein Mäuslein raschelt irgendwo.

Mit allem Licht und allen Gluten
macht sich im Land der Sommer breit
und bleicht des Kornes grüne Fluten.
Nun ist die Ernte nicht mehr weit.

Nur noch ein Weilchen harren, warten,
dann wird es wieder offenbar,
wie reich das Feld, wie reich der Garten
für dich und mich und alle war.

Albert Rotter

Bartholomäus-Kirchweih in Klein-Herrlitz

Schon früh am Morgen sind wir aufgesprungen
wie sonst nicht bald, weil jeder sehr sich freute:
"Schnell, Mutter, schnell, es ist doch Kirmes heute!"
Die Alten nicht viel anders als die Jungen.

Das Hohe Amt war noch nicht ausgesungen,
da standen rings im guten Rock die Leute
am Kirchenplatz. Bevor man sich zerstreute,
entsprangen muntre Worte all den Zungen.

Die Ernte ist zum guten Teil vorbei,
von Halmen rein die Höfe und die Huben;
aus nah und fern kommt mancher Gast herbei.

Geputzt die Mädchen, würdevoll die Buben,
die Großen heut von schwerer Arbeit frei;
zum Kirmesessen geht es in die Stuben.

Robert Hampel

Mariensommer

Jetzt liegt der Flachs zum Trocknen hingeschichtet.
Zäh dorrt sein Halm, und ölig glänzt sein Samen,
indes sich Acker rings um Acker lichtet.
Die Schwalben aber, ohne zu erlahmen,
versäumen nicht, der Flügel Kraft zu proben;
denn fremdes Land lockt dumpf und ohne Namen.
In kurzer Tage spätes Gold verwoben,
umgarnen Fäden dich mit feinem Netze,
das jäh verweht vor deinem Griff, dem groben.
Bestürzend reifen nun der Gärten Schätze,
die Glut und Feuchte köstlich prall gerundet.
Trüb gärt der Saft, daß klar der Wein sich setze.
Der Apfel glüht, die Birne lockt und mundet.
Voll zarter Süße schwillt der Pfirsich labend.
Gezeitigt sinkt, was Gnade dir gestundet,
aus Baum und Wolke in des Jahres Abend.

Gernot Ludwig

Erntedank

Bekränzet die Wagen, schmücket die Pferde,
es gab uns Brot und Frucht die Erde.
Wir führten das letzte Fuder ein,
nun laßt uns beim Erntedank fröhlich sein.

Wir säten das Korn im herbstlichen Schatten,
im Schnitt, da wollten wir oft ermatten;
beim Sirren der Sensen Zug um Zug,
war unser Trost der Erntekrug.

Doch kaum ist das große Werk geschehen,
müssen das Korn wir wieder säen.
Der wechselnde Mond wird alt und neu:
Gott und die Bauern bleiben sich treu.

Karl Hübl

Sommerabschied

Der Wald brennt in buntesten Farben;
es spielt auf dem stoppligen Feld
der Wind mit den fruchtschweren Garben.
Und golden erstrahlt jetzt die Welt.

Die Rosen, sie blühen und blühen,
und wenn auch die Schwalbe schon zieht,
singt noch ohne Sorgen und Mühen
der Sommer sein jauchzendes Lied.

Es klingt über Felder und Halde,
nichts hemmt seinen jubelnden Lauf.
Doch drüben, dort hinter dem Walde,
da steigen die Nebel schon auf.

Maria Thiel

Kirmes

Juchhei! Heut hon mer Kirmesfest,
do assn mer, wos host, wos gest!
Zuerscht kimmt dron de Kirmesgons,
drnochtern Küchla, Kuchn - gonz
vull lauter Quork un Pflammaschmier
un üb'n droff a Faßla Bier!
Drzweschn ach noch ann Kaffee. -
(S' tut wul nie gutt, dos weß mer eh!)
Doch heute hon mer Kirmesfest,
do assn mer, wos host, wos gest!

Juchhei! Heut hon mer Kirmesfest,
do tonzn mer, wos host, wos gest!
Die Mädla gliehn schun wia a Rus',
dos ies im sie a Rimgestuß!
Dar schwingt de Leni, dar Marie,
dar lotscht om Fuß, dar steßt ei's Knie,
dar tonzt su rim und dar drquer;
bold gett's nischt, och a Trompln, mehr.
Doch heute hon mer Kirmesfest,
do wird getonzt, wos host, wos gest!

Juchhei! Heut hon mer Kirmesfest,
do wird geraft, wos host, wos gest!
Dr Franz hot Tresla grod gefescht;

dr Korla hot'n glei derwescht.
Har krocht'n eina ei's Genack
un reßt'n vu dr Tresla wag!
Dr gonza Sool of "Eins, zwei, drei"
stiett ei dr schienstn Keilerei.
Juchhei! Heut hon mer Kirmesfest,
heut wird geraft, wos host, wos gest!

Juchhei! Dos wor a Kirmesfest,
getonzt, geraft, wos host, wos gest!
Wenn's ach an Mogn reßt und zweckt
vun viel'n Assn, wie verreckt;
wenn ach su moncher Bauernkop
a Loch hot, wie a kläner Top:
Do gett's kan'n Doktor, ka Gerecht;
doch jeder wul a Johr long sprecht:
Juchhei! Dos wor a Kirmesfest,
dos stond drfür, wos host, wos gest!

Josef Gabriel

Schlesischer Herbst

Nun steht der liebe Wald im roten Brand,
verbunden mit der Tannen dunkler Treue;
der Himmel wölbt sich in verklärter Bläue
fern über dem geschmückten Opferland.

Voll Brombeerruch die Luft - und immer neue
Prunkflammen schlagen aus der Höhenwand,
wie ein Geschenk aus Gottes Gnadenhand
ist dieses Scheiden ohne Qual und Reue.

Kein Sterben ist's. Denn winters am Kamin,
wenn Nebelgeister übers Bergland ziehn,
erwacht das Flammenglück aus Ast und Scheit.

Und wer in dieses Feuer gläubig lauscht,
der hört ein Wort. Es tröstet, singt und rauscht
hoch über Herbst und Schmerz: Unsterblichkeit.

Robert Hohlbaum

Herbst in den Bergen

Über den Fuhrmannstein
braust nun des Sturmes Lied
einsam, freudlos und kalt.
Nebel im Frührotschein
über die Kämme zieht.
Reif und Frost nun bald
Blätter und Gräser färben,
schauernd harret der Wald
auf das große Sterben.
Rot noch die seltenen Beeren
im vergilbenden Moos,
als ob es Tränen wären:
Tod ist des Lebens Los.

Doch in den kalten Nächten
orgelt ein wilder Ruf,
der nach des Schöpfers Mächten
Leben aus Sterben schuf;
will uns Tröstung geben,
schwachen Kindern der Erde:
Über den Tod siegt das Leben
in einem neuen Werde!

K. F. Mut

Herbst

Bald werden rauh und kalt die Winde,
müd wird das Leben und dann matt.
Schon fällt dort drüben von der Linde
lautlos zur Erde Blatt um Blatt.

Siehst du im Feld die Herbstzeitlosen
in ihren zarten Farben stehn?
Doch blühen immer noch die Rosen,
und diese Erde ist so schön!

Wie sich der Ahorn leuchtend brüstet!
Herbstsonne liegt auf Flur und Hain.
Und ehe sie zum Schlummer rüstet,
hüllt sich die Welt in Purpur ein.

Des Jahres ewig neue Wende!
Die Zeiten kommen und vergehn.
Doch sicher birgt ein jedes Ende
auch schon das neue Auferstehn!

Maria Thiel

Herbst auf der Hohen Heide

Rostfarben sonnt sich nun das weite Land;
das Heidegras ist welk und ausgebrannt.
Am schmalen Pfad ein gelbes Veilchen träumt,
verblaßte Erika bemooste Hügel säumt.

In Streifen ziehen Latschenkiefern hin,
am fernen Himmel Wandervögel ziehn.
Und überm Hügelrücken, hoch im Frei'n,
ragt nebelhaft der alte Peterstein.

Ein starrer Falter sitzt vor meinem Fuß,
vom fernen Forste her verhallt ein Schuß.
Ein Mäuslein gräbt sich in die Erde ein;
es stirbt der Tag im letzten Abendschein.

W. Stief

Herbst

Stille, herbe Tage gehn
durch die Täler ihren Schritt;
dichtes, weißes Nebelwehn
hebt ihn auf und nimmt ihn mit.

Fällt wohl in den Rosenstrauch
ein verlorner Sonnenglast,
hellt er wie ein goldner Rauch
seine Hagebuttenlast.

Bunt durchstreuten Wäldergrund
hat der Plaudrer Wind gewählt;
ruht und sinnt dort, bis sein Mund
Wintermärchen uns erzählt.

A. Blaha

November

Es liegen Blätter auf den nassen Wegen,
auf leer gewordnen Bänken in dem Wald.
Der Himmel grau; und der Novemberregen
wirft Blasen in die Pfützen. Es ist kalt.

Tief hängt der Nebel in den alten Föhren,
und alles neigt sich seinem Ende zu.
Kein Vogelruf ist weit und breit zu hören.
Bald wird es schnein. Die Erde geht zur Ruh.

Maria Thiel

Allerseelen

Man geht die alten, lieben Wege wieder,
die stillen Steige geht man wie im Traum -;
noch liegt die Sonne breit am Waldessaum,
und Bäume rauschen leise hin und wieder.

So einsam und so todesstill ist's heute,
nichts Liebes wartet auf vertrautem Plan -
Jungbirken sehn mich leise raunend an,
von fernen Kirchen kommt verweht Geläute.

Ein Flimmern liegt in unbewegter Luft,
Abglanz verträumter, sonnenschöner Tage,
die ich, nun einsam, schwer durchs Leben trage;
vertrauter Vogel fliegt vom Ast und ruft.

Ein Rest des Atems weht noch in der Luft,
ein Gras ist noch, das einst dein Fuß berührte -
und wie ich heimwärts will, da ist's, als spürte
ich deine Sehnsucht, die aus Fernen ruft.

Und wieder wachen Wünsche in mir auf
nach deinen sanften, vielgeliebten Händen.
Die Sonne sinkt, ich muß mich heimwärts wenden,
und dich, mein Lieb, weckt keiner wieder auf. -

Anna Kimmel

Allerseelen

Fern von hier im Heimatland
liegt dein Grab und keine Hand
ist, die es umsorgt und hegt
und die Blumen darauf pflegt.

Heut, da man hier Astern pflückt,
bleibt dein Hügel ungeschmückt.
Efeu wuchert um den Stein.
Solltest du vergessen sein?

Nein, es trieb uns nur von dort
Haß und blinde Rachsucht fort.
Darum ruhst du, Mütterlein,
in dem fernen Land allein.

Und es reicht von meiner Tür
keine Hand so weit zu dir;
darum brennt bei dir kein Licht.
Doch vergessen bist du nicht.

Wie es immer schon geschehn,
siehst du uns in Trauer stehn,
und wir machen Jahr für Jahr
unser Herz dir zum Altar.

Albert Rotter

Advent

Die Tage knien früh zum Abend nieder.
Das Dunkel sickert aus den Wolken her
und hüllt uns ein mit nebligem Gefieder
und macht uns still und alle Straßen leer.

Im großen Schweigen feiert nun die Erde,
und unbeweglich steht der schwarze Tann.
Daß neues Leben uns geboren werde,
die ganze Welt hält leis den Atem an.

Es ist die Zeit des stummen Vorbereitens,
da sich das Herz zu tiefster Einkehr faßt,
daß es zur Stunde sanften Niedergleitens
der Gnade halte im Besinnen Rast.

Nun sei es, daß beim gelben Kerzenscheine
ein altes Lied erfülle warm dein Haus,
ein guter Gast sich trostreich dir vereine,
ein Buch dich leite über dich hinaus.

Dann ist es gut, im Dunkel hinzuträumen
und nur zu denken, wie das Leben geht,
und nur zu schauen, wie in fernsten Räumen
ein himmlisch Licht hoch uns zu Häupten steht.

Die Tage knien früh zum Abend nieder.
Die Sonne wärmt nicht mehr. Der Jubel fern.
Die Kinder üben fromme Weihnachtslieder.
Bald leuchtet wieder nächtens jener Stern.

Josef Schneider

In Meedl x)
wird es schnein

Der Wind harft in den Bäumen,
die schwarzen Krähen schrein.
Ich fange an zu träumen:
In Meedl wird es schnein.

Weich bauscht sich's auf dem Kirchendach,
der Steinberg liegt in Weiß;
ganz zugefroren ist der Bach.
Und Flocken fallen leis. . .

Im alten Eichbaum harft der Wind,
die Zweige flüstern leer:
"Weißt du, wo meine Kinder sind?
Sie kommen nimmermehr. . ."

Lieselotte Klopp-Salinger

x) Dorf bei Sternberg

Der Nikolaus

Die Kinder sitzen still und stumm
im Zimmer um den Tisch herum.
Die Mutter hat schon angedroht:
"Der Nickel kommt!" Oh große Not!
Zu Braven ist er immer gut.
Doch was er mit den Bösen tut?
Horch, läutet es nicht vor dem Haus?
Der Nikolaus!

Der Nikolaus, der ist schon recht;
der andre aber, der ist schlecht.
Er hat den Sack, und dort hinein
steckt er die bösen Kinderlein.
War ich ein Guter, war ich schlecht?
So lalala, ich weiß nicht recht.
Die Kette klirrt, ihr Kinder wißt's:
der Krampus ist's.

Nun stehn sie beide drohend hier.
Schnell auf die Knie! Was beten wir?
Ich kann kein Lied, kann kein Gedicht;
der Krampus zieht schon ein Gesicht,
und seht ihr es, der Böse zwingt,
daß man die Rute überspringt.
Doch dann beschenkt uns mild und froh
der Nikolo.

Albert Rotter

Dezemberabend

Nebel wogt im Tale,
löscht die Lichter aus.
Wer im Dunkel wandert,
kehrt nun still nach Haus.

Wodans weise Vögel
kreisen überm Wald,
fernher tönt ihr Rufen.
Es ist bitterkalt.

Aus den dunklen Tannen
schreitet groß die Nacht.
Betet, daß Gott gnädig
unser Herz bewacht.

Ursel Peter

Dezember der Kindheit

Wunderträchtig holde, weiße Zeit,
nie versunken in Vergessenheit:
Flocken fielen, fielen leicht wie Flaum,
Sterngebilde, schöner als ein Traum.
Nimmer litt es in den warmen Stuben
blonde Mädchen und die braunen Buben.
Schlitten sausten über steile Hänge,
Schneeballschlachten, Raufen und Gedränge -
Und dann wieder, hell wie Glockenton,
Schellenläuten; kam - und flog davon.
Sonntagsfriede! Blauer Himmel weitet
unsern Blick, der zu den Gipfeln gleitet.
Schneemann, stockbewehrt und feist und dick,
droht vorm Haus mit seinem Kohlenblick.
Zahnlos hockten hinterm warmen Ofen
Greis und Greisin, murmelnd fromme Strophen.
Krampus kam und heil'ger Nikolaus,
teilten Rutenschläg' und Gaben aus.
Heimlich buk die Mutter in der Nacht,
horchend oft, ob nicht ein Lauscher wacht',
Kringel, Sterne, Ingwer, Marzipan.
Viel geheime Dinge gar geschahn!
Von der Decke hing ein Tannenkranz,
schon verheißend nahen Festesglanz.
Kerzentropfend stand der Lichterbaum -
Leben war verklärt und war ein Traum.
Rote Kinderwangen glühten heiß,
und der Dorfbach gluckste unterm Eis.
Märchen taten ihren Zauber kund. -
O du Glück der frühen Dämmerstund!
Wunder trug die Zeit in ihrem Schoß.
Welt war klein und Welt war, ach, so groß! -
Kinderselig holde, weiße Zeit!
Nimmer sinkst du in Vergessenheit!

Josef Schneider

Dr Winter kimmt

De Falder sein schun stell und laar,
dr Nabel zieht vom Boche har,
mer werd ez nimmer rechtich frouh,
dr Winter kimmt, de Zeit ias dou.

De Vögel sein schun längst drvon,
mer sitt om Fald och noch de Krohn.
Weann noch wos singt, woas mer nie find,
doas ias ein Streichern och dr Wind.

Draß ias ez ei dar Zeit ka Lam,
's ias besser drim, mer bleibt drham
un sitt a Weil zun Fanster naus.
Woas soll mern ez noch außern Haus?

De Dunkelheit stett vor dr Tür,
dar goanza Tog stett nie defür.
Weann aner säat, doas mocht nen frouh,
doann glabt sen nie, dar tutt och sou.

Albert Rotter

Heiligabend

Friedlich liegt das Schneegebreite,
Sterne glitzern wunderlich;
in der dämmerblauen Weite
reget keine Stimme sich.

Plötzlich in der Ferne leise,
wunderlich aus Kindermund
tönt die alte, liebe Weise
durch die weihnachtliche Stund'.

Kerzen flammen auf im Finstern,
Kinderjauchzen dringt ans Ohr,
goldner Schein quillt aus den Fenstern,
und die Stille sich verlor.

Kirchenglocken jubeln dröhnend
in die heil'ge Nacht hinaus,
Weihnachtssternlein strahlt versöhnend
kerzenhell in jedes Haus.

Josef Latzel

Adam, sei froh, sei froh!

Dr Heiland ies dou, ies dou!
Josef, der Zimmermann,
gebürtig aus Davids Stamm,
klopfet und hauet,
schnitzet und bauet
ein Wiegelein.

Das Kind liegt in der Ruh,
Maria singt dazu:
Heidl popeidl, schalamacheidl,
liebs Kind, schlaf ein.

Kocht a Teppla Hirschebrei,
gatt a Steckla Potter nei,
gatt's dam kleinen Jesulein
in die kleine Krippe.
Heißa, hopsa, halleluja.
Jesus ward geboren
zu Bethlehem im Stalle.

Hannes nahm na Dudelsoack,
dudel oach dan goanzen Toag.
Liesla nahm die Geiga,
's Kendla wird schon schweiga.
Heißa, hopsa. . .

Schlesisches Krippenlied - Freiwaldau

Klaanes Kendla,
gruoßr Gout,

dar de Welt ein Handlan hout.
Legst de dou, du klaaner Schoatz,
's hout juo kaam a Meisla Ploatz!

Deine Handlan sein suo ruot
wie dar Krabes nouch am Suod.
Ech war dr mei Handschlan leihn,
steck oach dei klann Handlan nein!

Deine Fißlan sein suo koalt,
wie ein Woald dr Schnie roafoallt.
Ech war dr meine Poutschkern leihn,
steck oach dei klann Fißlan nein.

Klaanes Kend, komm mit mr häm,
ech war dech hendern Uofen trän.
Mei Weib, doas wird dech gerne sahn,
wird dr a gudes Kaschla gahn.

Wird dr a Potterschnietla gahn,
vo dr Mellich na bestn Rahm.
On ies drs oaber nouch zu schlacht,
suo moach ich dir mei Harz zuracht.

Mährisch-Schönberger Krippenlied

Christabend

Verschneite Heimatberge,
reifglitzernder Heimatwald,
geliebtes Wintermärchen!
Wir alle, jung und alt,

wir sehn am Heil'gen Abend
den Mond darüber ziehn. -
Der Wind schweigt, da am Himmel
viel tausend Sterne glühn.

Sie leuchten wie die Kerzen
am großen Weihnachtsbaum
für alle Heimatlosen -
weit über Zeit und Raum!

Olga Brauner

Bergweihnacht

Alter Berge weiter Bogen,
drüber hoch der Sterne Heer.
Weiß erstarrt der Wälder Wogen,
und nur Stille ringsumher.

Und die Stille atmet Frieden
in der unruhvollen Welt,
daß ein jedes Herz hienieden
seiner Zauberkraft verfällt.

Heil'ge Nacht, so senkst du nieder
dich auf das geliebte Land.
Und die alten, frommen Lieder
preisen Gottes Vaterhand.

Albert Rotter

Mein Weihnachtsbaum

Grüne Tanne, Weihnachtsbaum,
ew'gen Lebens treues Bild,
aus der Heimat Waldgefild
bliebst du mir ein Kindertraum.

Gabe aus Knecht Ruprechts Hand
an das Gotteskind im Stall,
winters, wenn im deutschen Land
Weihnacht ist und Flockenfall.

Kinderaugen hell und klar
spiegeln deiner Lichter Glanz.
Erste Freuden machst du wahr,
späte noch erfüllst du ganz.

Grüne Tanne, Weihnachtsbaum,
ew'gen Lebens treues Bild,
aus der Heimat Waldgefild
bleibst du mir ein Kindertraum.

Edgar Schmidenbach

Weihnacht
im Altvatergebirge

Die Sturmnacht hat sie zunandergescheucht;
sie sitzen bei fahlem Lampengeleucht
um den Tisch gedrängt zur Feierstunde:
der Bauer, die Frau - und in schweigsamer Runde
mit Tochter und Sohn auch Knecht und Magd.
Hat sich nicht eins wie das andre geplagt?
Den Segen geborgen? Die Ernte gebracht?
Nun feiern sie alle die Heilige Nacht.

Der Vater hebt sich aus dem Kreise,
zu üben sein Amt nach alter Weise:

"Ich teile, wie es immer war;
ich teile mit euch für das künftige Jahr;
ich teile euch einen Apfel entzwei.
Ißt jeder sein Stück und betet dabei:
'Müßt' ich einmal im nächsten Jahr
irrgehn im Walde oder sogar
irrgehn mitten hinein in das Böse -
daß mich des Herrgotts Freundschaft erlöse!
Wir sind gesessen,
wir haben gegessen,
zu Weihnacht heut,
und das bedeut':
Wer in der Irre daran denkt,
dem wird der rechte Weg geschenkt.'
Hilf, Gott, daß uns kein Arg begegnet,
und unsre Ernte sei gesegnet!"

Sie teilen das Zeichen. - In seinen Schein
schließt das Geleucht sie alle ein.

Hedwig Steiner

Altvaterheimat im Winter

Bei uns daheim - zur Winterszeit -
war Berg und Tal rings tief verschneit.
Die Bäume hatten Pudelmützen
aus Schnee auf ihren Häuptern sitzen,
zudem trug jegliches Gehölze
noch schwere, dicke, weiße Pelze.
Es glich der ganze Waldbestand
wahrhaftig einem Märchenland
bei uns daheim. . .

Tagsüber, wenn die Sonne schien,
war das ein Funkeln und ein Sprühn!
Den Glanz von Schnee und Eiskristallen
kein Demant konnt' ihn überstrahlen;
es glitzerte an allen Enden,
schier wollte es das Auge blenden!
Auf Weihern, Teichen, Spiegeleis -
das ganze Land lag silberweiß
bei uns daheim. . .

Und wenn der Mond am Himmel stand,
war es erst recht ein Zauberland;
in seinem magisch bleichen Lichte
glich mancher Strauch da einem Wichte.
Man sah die seltsamsten Gestalten,
wie sie sonst nur im Märchen walten,
aus kühnster Phantasie erdacht,
hier fast zur Wirklichkeit erwacht
bei uns daheim. . .

Fiel gar ein Rauhreif über Nacht,
war unbeschreiblich dann die Pracht.
Die Buchen, Eichen, Erlen, Birken,
sie taten wie verzuckert wirken,
und nur die Fichten samt den Tannen,
die ließen schwer ihr Astwerk hangen;

nicht selten gab es einen Krach,
und mancher stolze Wipfel brach
bei uns daheim...

So war's daheim zur Winterszeit
für uns; da kann es weit und breit,
wo immer wir auch heute leben,
nie eine zweite Heimat geben.
Denn Heimat trägt der Mensch im Herzen,
man kann sie einfach nicht verschmerzen;
sie ist und bleibt das höchste Gut,
weil unsre Kindheit in ihr ruht
bei uns daheim. . .

Leo Geider

Schnee am Abend

Ferner Kindheit weißes Wunder
fällt in leisen Flocken nieder,
küßt mir Wimper kühl und Wange,
gleitet Stern auf Stern hernieder.

Zaun und Zinne, Hof und Halde
deckt die dämmerweiche Hülle,
Stadt und Land versinken träumend
im Gestöber reichster Fülle.

Alles ruht, bis Feuersonne
tiefverschneite Welt beschreitet,
und vor eisbeblümten Fenstern
Winters Macht sich schimmernd breitet.

Franz Karl Mohr

Winter
in Jägerndorf

Tor und Turm und dunkle Lauben
atmen heimliches Geläut.
Dächer haben weiße Hauben,
Himmel brauen Grauland heut.

Immer tiefer sinkt die Schwebe.
Bald verhüllt ein Flockenhut
Pfahl und Mauer und die Strebe,
die ob dunklen Gassen ruht.

Eis bedeckt den Mühlbach drunten.
Berg und Hügel schauen her,
und der Schnee hüllt alle bunten
Sommerfluren mehr und mehr.

Hans Hugo Weber

Bergwinter

Der Schneeberg liegt im Dämmerdunkel.
Das Schutzhaus ist ein Sagenschloß.
Im Knieholz Raunen und Gemunkel,
der Berggeist ist's mit seinem Troß.

Im Bergwald stehen Tann' und Fichte,
bezaubernd glänzend wie Kristall;
die Knauerfichten werden Wichte
und Spukgestalten überall.

Der Schneesturm tobt am Bergkamm oben.
Der Berggeist singt sein wildes Lied.
So geisterbleich und schneeumwoben
im Frost erstarrt liegt Feld und Ried.

Bergkönig sitzt auf weißem Throne.
Wie Silber glänzt sein Mantelsaum;
karfunkelglitzernd seine Krone:
kristallgewordner Märchentraum.

Emil Moser

Eim Wenter

Wenn's drass'n waatert, stürmt on schneit
on kollert grod wie nie gascheit,
wenn's Wendsweben schmeißt
on dar Wend o dan Dächern reißt,
on Eisbluma stiehn on' Fanstrscheib'n,
doß m'r sich könnt da Nas bluttich reibn,
do is am schinsten off dr Ufnbank,
wenn's Pfeifla briet
on da Ufnplott glüht,
do wird an nie die Zeit zu lang.

On setz mer olla schien beisommr
on denka wiedr o dan Sommr,
do ist Gamütlichkeit on Lab'n,
do eßt mer Neß on Zockrbab'n,
do wird derzählt on Hetz gamocht
bis oft noch ei da Metternocht.

Dar Kaffeetoop stieht vull ei dar Röhr,
dar wärmt, nabnbei enwendich goir so sehr,
do schäppt sich jeder ei su viel ar denkt,
doß nie amend zu viel ar trenkt.
Beim Kaffeetoop off dr Ufenbank,
do wird an nie die Zeit zu lang,
wenn's Feier prosselt, is eim Stübla worm,
do konn's draß waatern, doß Goot derborm.

Verfasser unbekannt

Winter im nord-mährischen Bergdorf

Du denkst auch in der Winterzeit
ans Dörflein auf dem Berge dort
und siehst es rings verweht, verschneit.
Das alte Bild, es bleibt dir immerfort.

In Stuben blinzelt Lämpchenlicht.
Es muß oft mittags noch so sein;
durch die vereisten Fenster dringt ja nicht
genug des Tages Helle ein.

In Öfen knistert Scheit um Scheit
bis in die tiefe Nacht;
denn Holz steht ja genug bereit,
das man im Sommer heimgebracht.

In Töpfen kocht das Sauerkraut,
in Pfannen braten Fleisch und Wurst;
ein Tränklein wird wohl auch gebraut,
zu stillen jeden Durst.

Die Nachbarn kommen in das Haus
zu einer Plauderei.
Sie tauschen die Gedanken aus
und reden sich von Sorgen frei.

Ihr Tage der Gemütlichkeit,
wie weit liegt ihr zurück!
Komm nochmals wieder, schöne Zeit,
bring mit der Heimat uns das Glück!

Franz Elgner

Anhang

Autorenregister

mit Angabe der Geburtsorte, soweit diese von den 2 Herausgebern ermittelt werden konnten

Abeska, Doris Maria (Mährisch-Schönberg) - Adam, Engelbert (Neu-Erbersdorf b. Freudenthal) - Adam, Karl (Troppau) - Aichner, Fridolin = Benesch, Irmfried (Aichen, Bezirk Sternberg) - Alboth, Johann (Sankt Joachimsthal im Erzgebirge) - Berger, Walter (Cosel/Oberschlesien) - Berger, Walter (?) - Beyer, Rudolf (Boidensdorf bei Bennisch, Bezirk Freudenthal) - Billinger, Richard (Marienkirchen bei Schärding/Oberösterreich) - Bischoff, Friedrich (Neumarkt/Schlesien) - Blaha, A. = Andreas (Großgropitzreith bei Tachau/West-Böhmen) - Braun, Franz Rudolf von (?) - Brauner, Olga (Freiheit bei Trautenau im Riesengebirge) - Braun-Erk, R. (?) - Bude, Max (Barzdorf bei Jauernig) - Demel, Otto (Sternberg) - Divischek, F. = Ferdinand (Chatenois bei Belfort) - Effenberger, Alois (Goldenstein bei Mährisch-Altstadt) - Elgner, Franz (Chrises im Bezirk Hohenstadt) - Fietz, Schwester Klara (Nieder-Lindewiese) - Frank, Ernst (Karlsbad) - Gabriel, Josef (Mercydorf bei Temeschburg/Banat) - Geider, Leo (?) - Giebisch, Hans (Brünn) - Görlich, Ernst Joseph (Wien) - Gröger, Herbert (Mährisch-Altstadt) - Grudert, A. (?) - Haage, J. = Johann (Wüstseibersdorf, Kreis Mährisch-Schönberg) - Haage, Walter (Olmütz) - Habicht, Alfred (Voigtskrosse bei Weidenau) - Habicht, Rudolf (Großkrosse bei Weidenau) - Hadina, Emil (Wien) - Hampel, Robert (Wien) - Hanisch, Julius (Böhmisch Leipa/Nordböhmen) - Hanker, Rudolf (?) - Hasler, Richard (Frankstadt bei Mährisch-Schönberg) - Hauke, Helmut (Nieder-Lindewiese) - Hauptmann, Richard (Oderfurt bei Mährisch-Ostrau) - Hauser, Franz (?) - Hayduk, Alfons (Oppeln) - Heeger, Viktor (Zuckmantel) - Heger, Josef (?) - Heinisch, Hermann (Deutsch-Liebau, Kreis Mährisch-Schönberg) - Heller, Hans (Groß-Krosse bei

Weidenau) - Hohlbaum, Robert (Jägerndorf) - Hübl, Karl (Dreihöf bei Wildenschwert, Bezirk Landskron) - Irmler, Adolf (Dürrseifen, Kreis Freudenthal/Altvater) - Jahn, Ewald (Kunewald bei Neutitschein im Kuhländchen) - Janisch, Oswald (Zohsee bei Landskron) - Jarmer, Josef (Stadt-Liebau) - Jelusich, Mirko (Podmoklitz, Bezirk Semil/Böhmen) - Jett, F. A. (Sternberg) - Kaergel, Dieter (Weißwasser/Oberlausitz) - Karas-Welzl, Waltraut (Mährisch-Schönberg) - Karschin, Louis (Troppau) - Katzer, Ottokar (Mährisch-Schönberg) - Kauer, Josef (Deutsch-Liebau, Kreis Mährisch-Schönberg) - Kauer, Robert (Deutsch-Liebau bei Mährisch-Schönberg) - Kiegler, Franz (Spieglitz bei Mährisch-Altstadt) - Kimmel, Anna (Posluchau bei Olmütz) - Klein, Franz (Groß-Krosse bei Weidenau) - Klein, Otto-Hanś (?) - Klopp-Salinger, Lieselotte (Meedl bei Sternberg) - Kluger, Hubert (Reitendorf im Kreis Mährisch-Schönberg) - Kopp, Johann (Goldenfluß, Bezirk Mährisch-Schönberg) - Kreuzer, Eckart (Würbenthal) - Krieglstein, Rainer (Weiten-Trebetitsch bei Podersam/Nordwest-Böhmen) - Kristen, Karl (Niederforst bei Jauernig) - Langer, Hans (Müglitz/Mähren) - Langer, Vera (Weigelsdorf bei Mährisch-Altstadt, Kreis Mähr.-Schönberg) - Latzel, Fritz (Wien) - Latzel, Josef (Jauernig) - Lenzhofer, Anna = Rotter, Anna (Hoflenz, Bez. Hohenstadt) - Lichtenecker, Elisabeth (Zwittau im Schönhengstgau) - Lindenthal, Heinrich (Spieglitz bei Mährisch-Altstadt) - Liss, Konrad (?) - Ludwig, Gernot (Jauernig) - Mach, Johann (?) - Matzek, Otto (Proßnitz) - Mayer-Königsreiter (?) - Meyer, K. (?) - Mildner, Sophie = Ryba(-Aue), Sophie (Jägerndorf) - Moche, Rudolf (Böhmischdorf bei Freiwaldau) - Mohr, Franz Karl (Sandhübel, Bezirk Freiwaldau) - Moser, Emil (Spieglitz bei Mährisch-Altstadt) - Moser, Hans (Spieglitz bei Mähr.-Altstadt) - Mrasek, Karl Norbert (Brünn) - Mut, K. F. (?) - Nedoma, Kurt (?) - Nehlert, Benno (Neisse/Oberschlesien?) - Neubauer, Grete (?) - Niekrawietz, Hans (Oppeln)

- Olbrich, Josef (Krummwasser, Bezirk Mährisch-Schönberg) - Olbricht, Anna (Glasdörfl bei Klein-Mohrau, Kreis Mährisch-Schönberg) - Orel, Joseph (Neutitschein) - Ott, Erwin (Jägerndorf) - Padowetz, Eugenie (?) - Patzelt, Leopold (Zuckmantel) - Peter, Karl (Mährisch-Altstadt) - Peter, Ursel (Weigelsdorf in Nordmähren) - Philipp, Lothar (?) - Pilz, Alois (Freudenthal) - Pospischil (Rohle bei Hohenstadt in Nordmähren) - Proskowetz, Wilfried von (Kwassitz bei Kremsier) - Pschorn, Margareta (Rodisfort, Kreis Karlsbad) - Rödert, Klara (Hof, Bezirk Bärn) - Rotter, Albert (Deutsch-Liebau bei Mährisch-Schönberg) - Ryba-Aue, Sophie = Ryba, Sophie = Mildner, Sophie (Jägerndorf) - Sauer, Albert (Münster in Westfalen) - Smetaczek, Hanspeter (Setzdorf, Kreis Freiwaldau) - Sohmen, Adolf (Saubsdorf im Kreis Freiwaldau) - Sokl, Richard (Trübenz bei Mährisch-Neustadt) - Schiebel, Karl (Mährisch-Schönberg) - Schilder, Gustav (Wien) - Schmid-Braunfels, Josef (Braunseifen) - Schmidenbach, Edgar (?) - Schmidt, Guido A. (Markersdorf bei Freudenthal) - Schmidt-Latzel, Walburga (Jungferndorf, Kreis Freiwaldau) - Schmitz, Gerti (?) - Schneider, Josef (Jauernig) - Schneller, Richard (?) - Scholz, Hugo (Ottendorf, Bezirk Braunau in Nordost-Böhmen) - Schreiber, Josef (Rabersdorf, Kreis Mährisch-Schönberg) - Schrenk, Adolf (Ober-Lindewiese) - Schubert, Raimund (Weidenau) - Stauf von der March, Ottokar = Stauf, Ottokar (Olmütz) - Steiner, Hedwig (Teschen) - Stief, Karl (?) - Stief, W. = Wilhelm (Sternberg) - Stona, Maria (Strzebowitz bei Troppau) - Thein, Rudolf (Beuthen/Oberschlesien) - Theiner, Willibald (Weidenau, Bezirk Freiwaldau) - Thiel, Maria (Mährisch-Schönberg) - Tschöp, Johann (Neufang bei Römerstadt) - Urban, Wilhelm (Deutsch-Liebau/Nordmähren) - Wagner, Hans (Lechwitz im Kreis Znaim, Südmähren) - Walter, Frieda (Grulich, Bezirk Senftenberg) - Walter, Josef (Theresienstadt in Nordböhmen?) - Weber, Hans Hugo (Crossen an d. Oder) - Weiser, Erwin (Wien) - Wentenschuh, Anni (Bautsch, Bezirk Bärn) - Willscher, Gustav (Meltsch im Bezirk Troppau) - Winkler, Emil (Mährisch-Schönberg) - Wintersteiner, Marianne (Mährisch-Schönberg) - Wittek, Bruno Hanns (Freudenthal) - Witzany, Rudolf (Gratzen/Südböhmen) - Wyličil, Karl (Hoflenz, Bezirk Hohenstadt) - Zendulka, Anna (?) - Ziebart-Schroth, Emil (Nieder-Lindewiese) - Zimprich, Richard (Landskron/Schönhengstgau) - Zohner, Hans (Ober-Wildgrub bei Freudenthal) - Zweigelt, Max (Bad Groß-Ullersdorf in Nordmähren).

Gedichteverzeichnis

A Heimat im Gedicht

B Städte und Dörfer

C Einzelne Objekte

D Die Menschen

E Begebenheiten

F Im Jahreslauf

Hinweise

Das vorliegende Buch wird nur von dem zuerst genannten Herausgeber versandt. Bestellungen sind daher nicht an den Verlag, sondern an die folgende Adresse zu richten:

Dr. Herbert Gröger
Nieder-Röder Straße 32

D - 6116 Eppertshausen

Damit alle Landsleute und Interessenten das Werk beziehen können, kostet es bei Vorauszahlung nur 20,-- DM. Diese Vorauszahlung kann bar in einem Briefumschlag mit der Bestellung oder durch Überweisung auf das Girokonto 9 0045 05, Vereinigte Volksbank, Bankleitzahl 508 912 00, erfolgen. Wird erst später - nach der Lieferung - gezahlt, müssen 3,-- DM für Porto und Verpackung berechnet werden. Das Buch kostet dann also 23,-- DM. Bei jeder Bestellung ist deutlich und vollständig die Anschrift des Absenders anzugeben.

Von obiger Adresse können außerdem porto- und verpackungsfrei bezogen werden:

Herbert Gröger

Allegro (Gedichte), 78 Seiten	6,-- DM
Der Stille Klang (Gedichte), 58 Seiten	5,-- DM

Emil Moser

Der Wilde Bones (Historische Erzählung aus den Altvaterbergen), 26 Seiten	5,-- DM

Anton Spatschek

Dämmerleuchten (115 Sonette und 207 weitere Gedichte), 124 Seiten	10,-- DM

Vom zweiten Editor sind (neben anderen) folgende Bücher erschienen. Sie werden direkt vom Verfasser ausgeliefert. Seine Anschrift lautet (bitte umblättern):

Albert R o t t e r
Mittelschullehrer i. R.
Wimmer 31

D - 3583 Wabern

Noch lieferbare Werke von Albert Rotter:

L y r i k

Abseits vom Wege, 51 Seiten	5,50 DM
Licht und Schatten, 50 Seiten	5,20 DM
Schläft ein Lied in allen Dingen, 50 S.	5,-- DM
Des Lebens bunt gemischtes Spiel, 49 S.	5,40 DM
Stoßseufzer, 20 Seiten	3,-- DM
Weg und Erfahrung, 60 Seiten	5,30 DM
Herbstgedanken, 52 Seiten	5,40 DM
Die letzten Garben, 74 Seiten	8,-- DM
Im Kreislauf des Jahres, 54 Seiten	5,50 DM
Späte Ernte, 61 Seiten	7,-- DM

Gedichte und Geschichten

Es brennt ein Licht, 84 Seiten	7,20 DM
Zwischen gestern und heut, 80 Seiten	8,40 DM

P r o s a

Heiteres aus dem Altvaterland, 94 S.	11,70 DM

Lyrische Annalen heißt eine Jahrbuchreihe, die Dr. Herbert Gröger als Sekretär der Freien Autorengemeinschaft "Collegium poeticum" seit 1985 herausgibt. Für ein besonders ansprechendes Gedicht in jedem Bande wird jeweils der Albert-Rotter-Lyrikpreis verliehen. Interessenten - vor allem solche, die evtl. Mitarbeiter werden möchten - erhalten nähere Auskunft oder senden einige Werkproben (keine Experimente, Höchstlänge je Gedicht bis zu zwanzig Verszeilen; Rückporto) an die umseitige Adresse.